KB263930

멘토의 국어 수업 매체

전국국어교사모임과 함께하는
멘토의 국어 수업: 매체

초판 1쇄 발행 2026년 1월 15일

지은이　장은주 김슬이 임혜진
펴낸이　이영선
책임편집　이현정
교정교열　박귀영

편집　이일규 김선정 김문정 김종훈 이현정 조유진
디자인　김회량 위수연
독자본부　김일신 손미경 정혜영 김연수 김민수 박정래 김인환

펴낸곳 서해문집 | 출판등록 1989년 3월 16일(제406-2005-000047호)
주소 경기도 파주시 광인사길 217(파주출판도시)
전화 (031)955-7470 | 팩스 (031)955-7469
홈페이지 www.booksea.co.kr | 이메일 shmj21@hanmail.net

ⓒ장은주 김슬이 임혜진, 2026
ISBN 979-11-94413-82-0　04370
ISBN 979-11-94413-77-6　(세트)

전국국어교사모임과 함께하는

멘토의 국어 수업 매체

매체 문해력 수업
설계부터 실행까지

장은주 김슬이 임혜진
지음

서해문집

그러니까 이 책은 공주에서
피어올랐습니다

그동안 전국국어교사모임(전국모)이 열어준 공부 자리를 참 많이도 찾아다녔습니다. 그곳에서 만난 눈 맑은 선생님들과 함께 나눴던 이야기는 강물처럼 흘러들어 우리를 적셨습니다. 그곳에서 얻은 살뜰한 배움은 힘든 순간마다 샘물처럼 솟아올라 아이들을 다시 만나게 하는 기운이 되었습니다. 2023년 1월의 전국모 겨울 연수도 그랬습니다. 공주의 구도심을 가르는 제민천 가에서 만난 선생님들은 생기가 넘쳤습니다. 돌림병의 지난한 시간이 이런 배움의 자리를 더욱 갈망하게 했을까요? 어느 때보다도 뜨거웠던 그날의 열기는 지금 돌이켜봐도 대단했습니다. 국어 수업 하나만으로도 선생님들의 이야기는 멈출 새가 없었습니다. 분명 우리는 서로를 향해 있었습니다. 연수를 마치고 눈 쌓인 부소산성 길을 걸으며 우리가 만난 선생님들의 눈빛을 떠올렸습니다. 이들을 위한 내비게이션과 같은 안내서가 있으면 좋겠다 싶었습니다. 그래서 지역 모임으로 돌아가 현장의 선생님들과 함께 그동안 국어 수업을 하며 품었던 궁금증을 차곡차곡 쌓아 올렸습니다. 그리고 그 질문의 꼭대기에 거뜬히 올라 우리의 멘토가 되어줄 선생님들을 수소문했습니다. 이렇게 전국모가 낳은 내로라하는 고수들에게 2년여를 묻고, 묻고, 또 물어 얻은 대답이《멘토의 국어 수업》입니다.

그러니까 이 책은 공주에서 피어올랐습니다. 더 나은 국어 수업을 향한 수많은 마음이 이 책을 낳은 것입니다. 그래서 이 책의 내용은 화법, 작문, 독서, 문학, 매체, 문법 등 영역을 가리지 않고, 결국 '어떻게 더 나은 국어 수업을 할 수 있을까?'로 수렴됩니다. 국어 수업에 막 발을 들여 앞길이 막막할 때, 어느 순간부터 수업이 막혀 고민이 깊어질 때, 지금까지의 수업을 한 단계 더 끌어올리고 싶을 때, 여기 실린 멘토들의 귀한 대답이 길을 밝혀줄 것입니다. 이론과 실제를 넘나들기에 이 책은 국어 수업을 관통하는 철학서이자, 교실에서 바로 활용 가능한 실용서라 할 수 있습니다. 이 책을 통해 많은 선생님이 전국모를 대표하는 멘토들을 곁에 두고, 언제든 쉽게 만날 수 있기를 바랍니다. 밤낮으로 애쓴 글쓴이들과 서해문집 출판사가 있어 이 아름다운 책이 세상에 나왔습니다. 깊이 감사드립니다.

경기국어교사모임 회장 김형태
연수국장 김선산

우리는 이미 매체 문해력 수업을 하고 있습니다

시차가 11시간 남짓 나는 곳으로 여행을 간 적이 있습니다. 여행지에 도착한 지 며칠이 지난 어느 저녁, 김형태 선생님께서 연락을 주셔서 매체 영역에 관한 연수를 제안하셨습니다. 강의는 으레 하던 것이었지만, 사전에 경기국어교사모임 선생님들과 함께 준비하고 대담 형식으로 연수를 진행할 것이라는 말씀을 듣고는 제가 여행 중이라는 사실도 잠시 잊을 정도로 흥미가 생겼습니다.

그래서 연수 전에 김슬이, 임혜진 선생님과 몇 차례 만나서 정말 신나게 대화를 나눴습니다. 두 선생님의 질문은 제가 당연하게 생각했던 것들을 다시금 확인하고 따져보게 했습니다. 별로 중요하게 여기지 않았던 주제를 되짚어보며 그 필요성을 깨닫게 했습니다. 경기모임 연수 이후 두 분 선생님께서는 각자 학교 상황에 맞게 매체 문해력 수업을 시도하셨습니다.

이전의 여러 연수에서는 선생님들과 나눴던 이야기들이 휘발되곤 했습니다. 매번 한정된 시간을 이유로 이론과 사례, 최신 동향을

겉핥기식으로만 다뤄야 했고, 늘 마음 한구석에 아쉬움이
남았습니다. 이 책에는 그동안 제가 진행했던 연수 내용과 두 분
선생님과의 대화를 긴 호흡으로 담고, 저희 세 사람의 수업과
학생들의 반응까지 보탰습니다.

책의 서술 방식은 시리즈의 다른 책들과 조금 차이가 있습니다.
매체 문해력이 왜 국어교육의 내용인지를 먼저 설명해야 하기
때문입니다. 전국국어교사모임이나 우리말교육현장학회에서는
매체 문해력 교육에 관련된 사례 공유나 논의가 비교적
초창기부터 꾸준하게 있어왔습니다만, 여전히 매체 문해력을
낯설게 느끼는 선생님들이 많습니다. 이 책을 준비해서 쓰고
고치는 동안에도 새로운 제재나 정책 동향이 있을 만큼 매체의
변화 속도가 빠르기도 합니다. 인공지능 기술의 확산으로 우리의
소통 환경은 다시 큰 전환을 맞이했습니다. 소통하는 힘과
생각하는 힘, 질문하는 힘을 길러주려면 매체 문해력 교육이
국어교육의 영역으로 자리 잡아야 합니다. 매체 문해력에 관한
내용은 이미 선생님들의 수업 속에 있습니다. 이 책이 학생들의
삶과 연계해 시민으로서의 역량을 키우는 수업을 만들어가시는
데 도움이 될 수 있기를 바랍니다.

장은주

차례

02 아이들은 무엇을 보고 있는가, 교사는 무엇을 가르칠 것인가

1. 교실에서 시작하는 매체 문해력

　아이들이 보는 풍경

#수업 이야기 하나, 너의 취향을 소개해줘!
교사가 가르칠 수 있는 것들
#재현: 콘텐츠는 현실의 거울일까, 왜곡된 창일까
#미디어 언어: 이미지와 사운드는 어떻게 말할까
#제작: 메시지는 어떤 의도로, 어떻게 만들어질까
#수용자: 누구를 위한 메시지이고, 어떻게 읽힐까

2. 매체 영역에서 다루는 핵심 내용 요소
맥락에 따라 달라지는 매체 소통
수용하는 동시에 제작하는 비판적 매체 이용자
책임 있게 소통하는 시민의 태도

3. 매체 문해력 수업을 위한 아이디어
생성형 인공지능과 공신력 없는 자료에 의지할 때
#수업 이야기 둘, 올바른 출처를 찾아라
콘텐츠를 '비판적으로' 보려면
#수업 이야기 셋, 영화의 안팎을 읽는다
미디어로 내 목소리 들려주는 법

내가 관심 있는 사회적 이슈는 어떻게 다뤄지고 있을까?

주어진 프레이밍 너머로
[5차시] 사회적 의제에 내 생각 더하기

비판이 아니라 '비판적 검토'

남은 고민들: 뉴스를 '스스로 생각하며' 읽으려면

참고 자료   비판적 뉴스 읽기 수업 활동지

2. 문학 시간에 영화 읽는 법

영화라는 텍스트

어떤 영화를 어떻게 읽을까: 한 학기 한 권 읽기처럼

우여곡절 끝에 만난 빛: 저작권과 전문성을 동시에, 한국영상자료원

감상과 비평의 차이는?
[1차시] 3인 3색 평론으로 다시 보는 〈기생충〉

영화 속 장면과 현실의 연결 고리 보기

질문과 함께 춤을!
[2차시] 단편영화 〈유월〉 감상일지 쓰기

첫 번째 스텝, 인물·사건·배경 분석하기

재현에서 상호 텍스트까지
[3차시] 여섯 가지 요소 담아 최종 비평문 쓰기

INTRO
대담

다시 만나는
미디어 리터러시

멘토: 장은주

완전히 새로운 것은 없다

다시 만나는 미디어 리터러시

김슬이　2022 개정 교육과정에 매체 영역이 신설되면서 이전 교육과정보다 더욱 실질적으로 매체 수업을 해야 할 필요성이 커졌습니다. 장은주 선생님과의 이번 대담을 통해 매체 교육에 앞서 알아둬야 할 기초적인 개념부터 실제 수업 사례까지 폭넓게 살펴보고자 합니다.

먼저 교육과정과 관련한 기본적인 질문부터 드려볼게요. 매체 교육 관련 자료를 보면 '미디어 리터러시' '디지털 리터러시' '정보 리터러시' 등 다양한 용어가 혼용되고 있습니다. 국어과에서 말하는 매체란 뭔지 고민스러운데요, 2022 개정 교육과정에서 정의한 매체의 개념이나 매체 영역에서 다루는 내용 요소가 무엇인지 알고 싶습니다.

장은주　매체라고 하면 뭐가 떠오르시나요? 라디오, 텔레비전,

스마트폰 등 의사소통을 위한 도구를 예로 들 수 있겠죠. 매체의 원어인 media는 그 어원이 '중간에 있는'입니다. 그러니까 매체란 의사소통 상황에서 발화자와 수신자를 매개하는 채널을 의미해요. 각종 소셜 미디어에서 대화하거나 게시물을 올리고 댓글을 다는 행위를 생각해볼까요? 이런 의사소통 방식을 깊이 알기 위해서는 디지털 기기라는 도구의 특성뿐 아니라 카카오톡, 페이스북, 인스타그램 등 가상의 소통 공간에 대한 이해도 필요합니다. 그래서 매체는 의사소통을 위한 도구와 환경을 아우르는 개념으로 정의할 수 있어요.

2022 개정 국어과 교육과정 1~2학년군 성취기준 해설에는 "매체란 소통을 매개하는 도구, 기술, 환경으로 책, TV, 스마트폰, 컴퓨터, 태블릿 PC, 인터넷 등이 이에 속하며 매체 자료에는 그림책, 만화, 뉴스, 광고, 웹툰, 애니메이션 등이 있다"라는 내용이 있습니다. 이 문장에 언급된 "도구, 기술, 환경"에서 '환경'은 의사소통이 이뤄지는 공간으로 일종의 맥락이라고 볼 수 있습니다. '매체 자료'는 내용물로서의 영화, 광고, 드라마 등을 의미하는 콘텐츠contents 또는 미디어 텍스트media text를 가리킵니다.

김슬이　2022 개정 교육과정에서는 2015 개정 교육과정에서 설정한 '자료·정보 활용 역량'이 '디지털 미디어 역량'으로 바뀌고,

18

매체 영역이 신설되었습니다. 2015 개정 교육과정과 비교했을
때 매체의 개념과 범주가 달라졌을까요? 그렇다면 그 차이점도
궁금합니다.

장은주　국어과 교육과정에 매체 영역이 마련된 것은 큰
변화입니다. 하지만 우리가 늘 매체를 이용해왔다는 점에서
보면, 매체라는 영역이 분리되었을 뿐이지 완전히 새로운 내용이
추가되었다고 하기는 어려울 것 같아요.
2007 개정 교육과정에는 그림 동화, 애니메이션, 전화 예절, 광고,
뉴스, 드라마 등의 내용 요소가 있었죠. 시간을 아주 거슬러 1차
교육과정의 중학교 국어과 내용을 살펴보면 전화나 시나리오를
다루기도 했습니다. 즉, 국어과는 각 시기에 맞는 매체를 지속적으로
다뤄온 셈입니다.
다만 7차 교육과정에서는 '컴퓨터로 글쓰기'와 같이 매체를
도구로서만 다뤘다면, 2007 개정 교육과정부터는 본격적으로
미디어 리터러시에 관련된 내용을 제시하기 시작했습니다.

21세기
독자를 위한
매체
문해력

김슬이　수많은 매체 자료를 접하고 생산하는 현대 사회에
아이들이 잘 적응하고 또 건강한 공동체를 유지하려면 매체 교육이
꼭 필요해 보입니다.

그러나 "현재의 뉴미디어 플랫폼은 교사보다 학생이 더 잘 사용하지
않나?" "왜 굳이 국어과에서 매체를 가르쳐야 하는가?" 하는 의문도
일부 존재합니다. 개인적 그리고 사회적 관점에서 봤을 때, 국어
시간에 매체 교육을 해야 하는 특별한 이유가 있을까요? 선생님의
의견이 궁금합니다.

장은주　국어 수업의 목표는 뭘까요? 교육과정에서는 국어교육의
목표를 의사소통 능력, 비판적 사고력 등을 길러주는 것이라
명시하고 있어요. 오래전부터 학교 교육의 목표는 민주 시민을
기르는 것이었고요. 잘 읽고, 잘 쓰고, 잘 이해하고 표현하는 민주

시민을 양성하는 과정에서 의사소통 방식이 디지털 미디어를 이용한 방식으로 확대되었다고 본다면, 매체 교육의 필요성은 국어교육 혹은 학교 교육의 목표와 크게 다르지 않아 보입니다.

세계적으로 인터넷 이용자, 디지털 환경 안에서 소통하는 사람이 기하급수적으로 늘어나고 있어요. 이런 상황만 생각하더라도 디지털 공간에서 이뤄지는 의사소통 방법을 다룰 필요가 있죠. 특히 디지털 환경에서 사람들은 자신의 관점에서만 정보를 수용하기 쉬워요. 맞춤형 정보는 효율적이고 빠르게 필요한 정보를 접할 수 있다는 점에서는 좋지만, 자신의 관점에 해당하는 정보만 보고 새로운 정보는 보지 않기 때문에 에코 체임버(반향실 효과), 필터 버블 현상이 강화되죠. 학교에서는 각자의 관점에서 벗어나서 소통할 수 있는 기회를 제공해줘야 합니다.

PISA국제 학업 성취도 평가 2016년도 기준으로, 한국 학생들의 문해력은 비교적 높은 수준이었습니다. 이후 2018년에 OECD에서 〈21세기 독자PISA 21st-Century Readers〉라는 보고서를 발표하자 우리나라에서 크게 화제가 되었죠. 한국 학생들의 문해력 수준이 최악이라는 내용 때문이었습니다. 이 보고서는 전통적인 문해력에 초점을 두지 않았는데요, 문제는 한국 학생들이 사실과 의견을 구분하는 항목에서 점수가 낮았다는 점이에요. 가짜 뉴스, 스팸 메일 등에 취약하다는 의미죠. 학교에서 디지털 문해력에 관해 배웠냐는 질문에 학생들이 그렇지 않다고 대답한 비율이 높았고요. 교육과정 문서상 디지털 문해력이 나온 빈도도 비교적 높고 학교의 인프라 수준도 상대적으로 높지만, 디지털 환경에서 비판적, 효율적으로 소통하는 방법을 학교 내에서 잘 다루지 않았다고 해석할 수 있습니다. 21세기의 문해력은 디지털 환경에 맞게 정의되어야 하고, 국어교육도 그에 맞게 변해야겠죠.

김슬이　선생님의 설명을 들으니, 제가 매체 교육을 국어 영역과 별개로 생각하고 있다는 것을 느낄 수 있었습니다. 그렇다면 매체 영역은 어떻게 구성되어 있나요? 2022 개정 교육과정 개발에 참여하셨잖아요. 그래서 조금 더 구체적으로 설명을 듣고 싶습니다.

장은주　매체 영역을 이해하기 위해 먼저 핵심 아이디어를 각각의 내용 요소와 연결 지어보시기를 권합니다. 첫 번째 핵심 아이디어는 매체의 개념을 정의하고 있어요. 매체가 당대 사회와 밀접한 관련이 있음을 명시하는데, 이 내용은 지식·이해 범주의 내용 요소인 사회·문화적 맥락과 관련지을 수 있습니다. 매체 자료 유형에는 뉴스, 대중 매체, 인터넷 방송, 광고 홍보물 등이 제시되어 있는데요, 해당 학년군에만 국한해 분절적으로 생각하기보다는 누적되는 개념으로 봐주세요.

두 번째 핵심 아이디어는 매체 이용자로서의 활동에 관한 내용입니다. 매체 자료를 수용하고 생산하면서 자신의 정체성을 형성하고, 사회적인 의미 구성 과정에도 관여하는 등 시민으로서의 행동과 관련이 있습니다. 과정·기능 범주에 제시된 내용 요소들은 매체 자료의 수용과 생산에 관한 수행을 의미합니다.

세 번째 핵심 아이디어는 매체를 이용한 소통에 관한 기본 태도와 관련이 있어요. 디지털 소통에서 주의해야 할 태도나 추구해야 할 가치 등이 가치·태도 영역의 내용 요소에 제시되어 있지요.

민주 시민을 양성하는 과정에서
의사소통이 디지털 미디어를
이용한 방식으로 확대되었다고
본다면, 매체 교육의 필요성은
국어교육의 목표와 크게 다르지
않아 보입니다.

천 리
길도
최애
콘텐츠부터

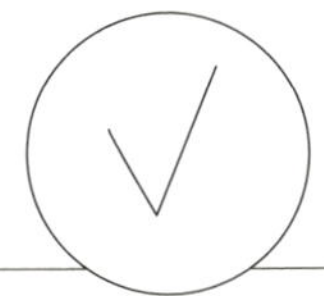

김슬이　성취기준을 중심으로 교육과정을 잘 다루는 데 초점을
맞춰 수업을 설계할 수 있으면 좋겠지만, 실제로 수업을 준비할
때는 성취기준보다 활동 자체에 초점을 맞출 때가 잦은 듯합니다.
교육과정을 분석해 수업을 설계하는 것이 막막하게 느껴지기도
하는데요, 어떤 과정을 거쳐 수업을 준비하시나요?
성취기준 분석, 수업 주제 설정, 평가 방법 설정 등 여러 과정 중에
무엇을 우선순위에 두고, 또 각 과정은 어떤 방식으로 진행해나가면
좋을지 매체 교육 전문가의 방법을 따라 해보고 싶습니다.

장은주　학생들이 흥미를 잃지 않으면서도 폭넓게 생각하도록 하기
위한 질문과 활동을 종종 고민하고 있습니다. 하지만 성취기준이나
해당 학년의 수준에서 벗어나지 않는 범위에서 수업하려고 해요.
학사 일정에 맞춰 교과서 단원을 재구성하는데, 수행 단원을 우선

집중적으로 다루려고 하죠.

매체 문해력과 관련해서는 공공 기관에서 만든 광고나 영상을 두루 살펴보면서 자료를 찾습니다. 그리고 매체 문해력 교육의 주요 범주, 핵심 개념과 핵심 질문 등을 참고해 학습활동을 구상하고 학습지를 제작합니다. 한 번에 모든 내용을 다룰 수는 없겠지만, 학생들이 뉴스 등 매체 자료에 대해 발표하는 기회를 마련한 다음, 재현에 관한 문제 또는 출처의 신뢰성에 관한 질문을 제시하거나 학생들이 그런 질문을 할 수 있도록 유도할 때도 있습니다.

김슬이   학생들이 매체 수업의 목표에 도달할 수 있게 하려면 교사가 학습자 특성을 분석하는 과정이 선행되어야 하겠군요. 다만 요즘 학생들이 접하는 미디어의 유형이 교사인 저희가 접했던 것과 다르기도 해서 수업을 설계하기가 쉽지 않아 보입니다. 매체 영역과 관련해 학습자의 특성을 파악할 수 있는 방법으로는 뭐가 있을까요?

장은주   한국언론진흥재단에서는 3년마다 어린이나 청소년의 미디어 이용 실태를 조사하고 있어요. 이런 공공 기관의 자료를 통해 우리나라 청소년의 일반적인 경향을 파악할 수 있죠. 물론 교사가 현장에서 만나는 아이들은 더욱 다양하고 구체적인 국면에 놓여 있어, 일반적인 경향만으로는 학생들의 특성을 온전히 이해하기 어렵습니다. 또 관심사나 특성은 계속 변화할 수 있기 때문에 학생들과 수시로 소통하고, 학생들을 관찰해가면서 디지털 미디어 이용 방식을 파악하는 것이 더욱 의미 있을 거예요.

그런데 학생들은 콘텐츠를 개인적으로만 소비하고, 온라인 세계의 커뮤니티에서 소통하고 있습니다. 일상생활에서는 자신이 소비하는 콘텐츠를 공유할 기회가 없다 보니 학생들이 무엇을 보고 즐기는지 알기 어려운 사회가 되어가는 것 같아요. 그래서 저는 수업 도입부에 한 학기에는 '자신이 좋아하는 콘텐츠 소개하기' 활동을, 또 다른 학기에는 '자신이 최근에 관심 있게 본 뉴스 소개하기' 활동을 하고 있어요. 학생들에게 자신이 즐기는 콘텐츠를 서로 공유하는 판을 열어주면 다양한 학습자의 특성을 살펴볼 수 있겠다는 아이디어로 수업을 해봤는데요, 배점이 낮은 활동임에도 학생들이 늦은 시간까지 발표 자료를 만들거나, 신나서 떠드는 모습을 보이기도 했죠.

이처럼 자신이 좋아하는 주제에 대해 공식적인 자리에서 경청하는 청중을 대상으로 말하는 경험이 중요하다고 생각해요. 학생에게는 자신의 미디어 문화를 공유하는 기회, 교사에게는 학생들의 특성을 파악하고 친밀한 관계를 형성하기 위한 아이디어를 얻는 기회가 될 수 있습니다.

청중　혹시 좋아하는 콘텐츠 소개하기 수업에서 학생들이 타자 혐오를 조장하는 콘텐츠를 소개한 경우는 없는지, 혹은 발표를 듣는 학생이 발표자에게 그런 반응을 내비치지는 않았는지 궁금합니다. 그리고 만약 그런 상황이 발생한다면 어떻게 대처해야 할까요?

장은주　저 역시도 매우 우려했던 점입니다. 그래서 학기 초에 활동을 안내하면서 콘텐츠의 조건이나 유의 사항을 제시했어요. 또 발표자와 청중으로서의 자세도 언급했습니다. 전체 관람가(이용가)나 12세 이상 관람가인 콘텐츠여야 한다는 점을 강조했지요. 만약 15세 이상 관람가인 콘텐츠를 굳이 발표하고 싶다면 반드시 사전에 저를 설득해야 한다고 했어요.

이렇게 처음 시도한 다음부터는 사전 학습지를 배부해, 자신의 발표 주제와 개요를 작성하고 저에게 사전 확인을 받은 뒤 발표하라고 안내했습니다. 발표를 듣거나 질문할 때는 상대를 비난하지 말라고 당부했죠. 학생들이 정서적으로 받아들이기 어려운 사안이거나 혐오 문화로 이어질 가능성이 있다고 판단되면 발표 내용을 수정하도록 수차례 안내하기도 하고, 필요한 경우에는 발표할 때 개입하기도 했습니다.

좋아하는 주제에 대해
공식적인 자리에서 말하는
경험이 중요하다고 생각해요.
학생에게는 자신의 미디어
문화를 공유하는 기회가 될 수
있습니다.

핵심은
〈소통〉의
이해

다시 만나는 미디어 리터러시

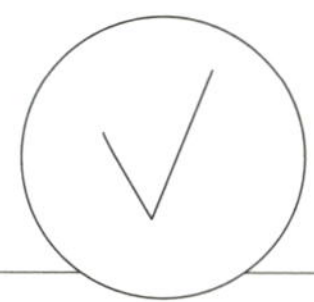

김슬이   매체 수업에서는 영상이나 SNS 등의 자료를 활용해야
할 것 같은데, 평가는 지필로 이뤄지니 고민이 됩니다. 수업과 평가
사이에 괴리가 생길 수밖에 없을 듯해서요. 간극을 줄일 아이디어나
극복할 방법이 있을까요? 비슷한 맥락으로, 현재 수능에 포함된
언어와 매체 영역의 매체 문항에 대한 선생님의 생각도 궁금합니다.

장은주   매체 영역이라도 내용지식에 해당하는 것은 문학이나
문법 영역의 지필평가 문항에 대한 접근과 크게 다르지 않다고
생각합니다. 수능에서도 이미 20여 년 전부터 영상 언어에 관한
지식을 묻는 문항이 출제되었고, 매체 문해력 관련 문항은 꾸준히
출제되고 있죠. 그런데 보다 근본적으로 '매체 문해력을 선다형
문항만으로 평가하는 것이 타당할까?'라는 의문이 있습니다.
화법이나 작문과 마찬가지로 기능 영역을 선다형 문항만으로

평가하는 건 기본적으로 그 타당성에 한계가 있지 않을까
싶어요. 지필평가 방식에 매체 문해력을 다룬 선다형 문항이나
서술형·논술형 문항을 적용할 수도 있을 것입니다. 구술평가도
가능하죠. 매체 영역의 선다형 문항 출제와 관련해서는 《함께 여는
국어교육》 2021년 여름호를 참고해보시면 좋겠습니다.

김슬이   선생님과 이야기하다 보니 막연하게만 느껴졌던 매체
영역이 조금 명료해진 것 같아요. 매체 수업에 도전하고 싶은 마음도
커지는데요, 마지막으로 매체 수업을 잘하기 위해 교사가 꼭 갖춰야
할 자질이나 능력이 있을까요?

장은주   국어 수업을 잘하기 위해 교사가 꼭 갖춰야 할 자질이나
능력과 매체 문해력 수업을 잘하기 위해 갖춰야 할 자질이나
능력이 다르지는 않다고 생각해요. 하지만 교사가 더 노력해야 할
점은 분명 있습니다. 기본적으로 의미 구성 방식, 의사소통 방식에
대해 종합적으로 이해하고 설명할 수 있는 능력을 갖춰야 해요.
그리고 디지털 소통 환경에 대한 이해, 매체 문해력에 대한 이해가
필요합니다. 다양한 자료를 탐색하고 의미를 해석하는 능력, 여러
매체 자료를 수집하고 지역의 미디어 유관 기관이나 동료 교사와
협력하는 능력도 있어야 하고요.

교사가 의미 구성 방식,
의사소통 방식에 대해
종합적으로 이해하고 설명할 수
있는 능력을 갖춰야 해요.

왜 국어 수업에서 매체 문해력을

가르쳐야 할까?

매처가 의사소통 방식을 바꾼다
문해력의 스펙트럼: 매체 문해력과 그 이웃들
학교에서의 미디어 교육과 매체 문해력

장은주

매체가 의사소통 방식을 바꾼다

왜 국어 수업에서 매체 문해력을
가르쳐야 할까?

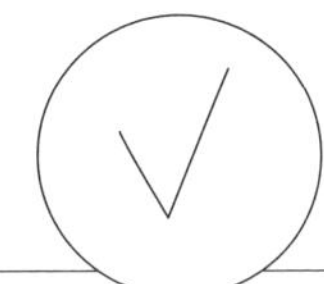

우리는 매일 의사소통을 하며 살아갑니다. 의사소통이란 어떤 사람이나 집단이 생각이나 감정을 다른 사람에게 전달하고, 그 내용을 이해받는 과정을 말하죠. 이때 전달되는 생각이나 정보를 메시지라고 하고, 메시지를 보내는 사람을 송신자(발신자), 받는 사람을 수신자라고 합니다.

이 역할은 고정되어 있지 않아요. 같은 상황 안에서도 송신자와 수신자가 얼마든지 바뀔 수 있고, 소통의 주체가 한 사람일 수도 있고 여러 사람이나 집단일 수도 있습니다. 예를 들어 혼잣말이나 일기처럼 자신과 소통하는 내적 의사소통도 있고, 친구와 실시간으로 대화하거나 편지를 주고받는 대인 의사소통도 있습니다. 회의나 강연처럼 여러 사람이 함께하는 상황에서는 집단 내 의사소통이 이뤄지기도 하고요.

어떤 의사소통이 원활히 이뤄지기 위해서는 메시지를 담아 전달할 통로가 필요한데요, 이때 쓰이는 것이 채널channel입니다. 채널은 문자 그대로 '흐름이 지나가는 길'이라는 뜻입니다. 예를 들어 말은 청각 채널, 문자나 그림은 시각 채널, 점자는 촉각 채널을 통해서 전달됩니다. 다시 말해 채널은 메시지를 전달하는 데 쓰이는 감각의 방식이나 경로라고 할 수 있습니다.

그렇다면 매체는 무엇일까요? 매체라는 말의 한자를 보면 '매媒'는 중개자, 즉 두 대상을 이어주는 존재, '체體'는 그 실체를 뜻합니다. 실제로도 매체는 의사소통을 가능하게 하는 실체이자 매개 수단입니다. 표준국어대사전에서는 매체를 "어떤 작용을 한쪽에서 다른 쪽으로 전달하는 물체. 또는 그런 수단"이라고 정의하고 있습니다. 즉, 매체는 송신자와 수신자 사이에서 메시지를 전달하는 수단이나 도구를 의미합니다. 채널이 메시지가 흐르는 감각적인 경로라면, 매체는 그 경로를 만들어주는 구체적인 기술이나 전달 수단이라고 할 수 있습니다.

영국의 옥스퍼드 사전은 매체의 원어인 media를 "텔레비전, 라디오, 신문, 인터넷 등 많은 사람이 정보와 오락을 받는 주요 방법"이라고 정의하고 있어요. media의 어원은 '중간에 있는'을 뜻하는 라틴어 medius입니다. 이 말은 '중재하다, 화해하다'라는 의미의 mediare와도 관련이 있습니다. 그러니까 미디어는 물질적인 매개체일 뿐만 아니라 심리적·관계적 차원에서 이뤄지는 매개적 작용까지 아우르는 말로, 사람들의 심리와 관계를 조정, 중재하고 화해시키는 역할을 한다는 뜻도 담고 있는 것입니다.[1]

국어교육 분야에서는 미디어 대신 매체, 매체언어, 전자말 등의 용어를 사용해왔습니다. 이 중 전자말은 전국국어교사모임의 우리말교육대학원 원장을 지낸 김수업 교수가 《국어교육의 길》(2000)에서 사용한 용어로, "전자기술 환경의 변화에 기반해서, 전자기계로 구현되는 언어형식에 의해 의미를 구성하며, 매개된 소통과 대량 소통 방식을 특징으로, 음성, 소리, 글, 이미지, 영상 등 혼합방식에 의해 실현되는 언어표현 양상"을 의미합니다.[2] 이 용어는 보편적으로 쓰이지는 않았지만, 지금 우리가 디지털 환경에서 소통하는 방식을 잘 드러내고 있습니다. 이 책에서는 기본적으로 국어과 교육과정과 교과서에서 쓰이는 '매체'라는 용어를 사용하겠지만, 필요에 따라 '미디어'라는 용어도 병행해 사용할 것입니다.

시대에 따라 달라지는 매체의 의미

문화 비평가인 마셜 매클루언은《미디어의 이해》(1964)라는 책에서 "미디어는 메시지다"라고 했습니다. 사진, 신문, 라디오, 텔레비전 등 미디어는 실재를 경험하게 하는 수단인데, 미디어의 형식이 메시지의 내용, 형식, 의미에도 영향을 주기 때문이죠.

디지털 미디어가 발달하면서 매체가 갖는 의미가 더욱 구체적으로 논의되기 시작했습니다. 미디어 연구자인 세드리크 쿠르투아와 그 동료들은 10대 청소년이 다양한 미디어 기기를 어떻게 쓰고 있고, 그러한 미디어 이용이 청소년 자신의 정체성을 형성하고 자율성을 키우는 데 어떤 의미를 갖는지 알아보려 했습니다. 이들은 기존의 커뮤니케이션 연구가 주로 미디어 텍스트의 의미에 초점을 맞추고, 콘텐츠가 소비되는 기술적 맥락에는 주목하지 않았다는 점을 지적했습니다. 지금의 미디어 이용 양상을 파악하기 위해서는 이용자에게 영향을 미치는 미디어 기기 자체와 그 미디어가 쓰이는 공간 등 외부 맥락까지도 고려해야 한다고 본 것이죠.

그래서 이들은 미디어가 우리가 경험하는 대상이나 기기,

우리가 살고 있는 사회 공간의 맥락, 그리고 의미를 담은 텍스트나 내용물, 이렇게 세 가지 차원의 뜻을 지닌다고 정리했습니다.[3] 예를 들면 태블릿 PC나 스마트폰 등은 기기, 인터넷이나 소셜 미디어 같은 온라인 공간은 소통의 맥락, 그림책, 뉴스, 광고, 영화, 만화, 애니메이션, 게임, 문자 메시지 등은 내용물에 해당하죠. 미디어의 의미가 간단하지는 않지요?

더구나 디지털 사회에서 미디어의 영향력이 커지면서 미디어의 의미가 점차 변하거나 확장되기도 합니다. 미디어 사회 이론 연구자인 김용찬 교수는 미디어를 도구, 내용, 제도로만 한정해 보던 기존 시각에서 나아가, '사람'과 '공간'을 미디어의 구성 요소로 추가해 다층적이고 다차원적인 개념으로 확장할 것을 제안했습니다.[4]

도구로서의 미디어는 의사소통과 표현을 가능하게 하는 물리적 수단으로, 필기도구, 전화기, 라디오, 텔레비전, 스마트폰뿐 아니라 그림이나 조각을 만드는 재료, 디지털 파일을 저장하는 장치 등도 포함됩니다.

내용으로서의 미디어는 미디어가 담고 전달하는 이야기, 정보, 상징 등을 포함하며, 우리가 다양한 정서적 경험을 하고 정체성을 형성하는 데 영향을 미칩니다. 나아가 사회적 지식을 이해하거나 현상을 보는 해석의 틀을 제공해 개인의 세계관이나 행동 양식에도 영향을 미칠 수 있습니다.

제도로서의 미디어는 미디어와 관련된 조직, 관행, 규범, 법규, 정책을 아우르는 개념입니다. 언론사, 플랫폼 기업, 교육 기관 등 미디어 생산과 유통을 둘러싼 조직과 그 운영 원리를 포괄하죠. 이러한 제도적 측면은 미디어가 사회 권력의 배분과 재생산에 어떤 역할을 하는지도 함께 성찰하게 만듭니다.

한편 사람으로서의 미디어는 종교인, 통역사, 중개인 등을 떠올려보면 이해하기 쉬울 듯합니다. 디지털 시대에는 개인이 유튜브, SNS 등 플랫폼을 통해 직접 콘텐츠를 생산하고 유통하며 영향력을 행사하기도 합니다. 이들을 '인플루언서 influencer'라고도 하죠. 가수 아이유는 자신의 별명을 유튜브 채널명(이지금 [IU Official])으로 정하고, 자신을 지칭할 때 사용하기도 하는데요, 이 채널 구독자는 2025년 11월 기준으로 1020만 명에 이릅니다. 방송인 유재석은 예능 프로그램을 통해 20개가 넘는 역할(일명 '부캐')을 맡아, 이를 통해 막대한 수익을 올리기도 했고요. 이들은 취업 준비생을 대상으로 한 조사에서 회사 리더로 만나고 싶은 연예인으로 꼽히기도 했습니다.[5] 이처럼 오늘날의 개인은 단순한 메시지 수용자를 넘어, 디지털 플랫폼을 통해 콘텐츠를 기획·생산하고 여론을 형성하는 능동적 미디어 행위자로 자리매김하고 있습니다.

공간으로서의 미디어는 미디어 활동이 이뤄지는 물리적 또는 가상적 장소를 의미합니다. 전통 사회에서 우물가나 빨래터는 정보 교환의 장소였고, 박물관, 미술관, 공연장, 영화관 등은 그 자체가 일정한 내용물을 전달하는 공간이었습니다. 광장에서는 수많은 사람이 모여 소통하기도 하고, 조직을 구성하기도 합니다. 오늘날에는 인스타그램, 블로그, 온라인 커뮤니티 등 디지털 공간에서 활발하게 소통하죠. 이 공간들은 단순히 콘텐츠를 소비하는 장소가 아니라 사회적 상호 작용이 이뤄지는 장이기도 합니다.

이처럼 미디어는 기술적 수단이나 이야기의 전달을 넘어, 사회적 행위와 공간, 개인의 실천이 얽혀 작동하는 복합적인 의미로 변화하고 있습니다. 그 사례도 종종 찾아볼 수 있어요. 최근 한 예능 프로그램을 둘러싼 온라인 현상도 이러한 미디어의 다층적 개념을 잘 보여줍니다. 전통적인 소재로 풀어낸 어느 군무 영상이 온라인 동영상 플랫폼에 공개된 지 72시간 만에 조회 수 1000만 회를 넘긴 일이 있었는데요, 이 영상의 댓글도 큰 화제가 되었습니다. 각종 공공 기관과 지방 자치 단체 공식 계정들이 재치 있는 댓글을 남겼기 때문이죠.[6] 게다가 완구 회사, 영화관, 쇼핑몰, 화장품 회사, 패스트푸드 체인점 등도 공식 계정으로 각 기업의 특색에 맞는 댓글을 남기면서 홍보 효과를 얻기도 했어요.

　이 영상이 포함된 방송은 종합 엔터테인먼트 기업에서 운영하는 방송국에서 독점적으로 방영했는데요, 프로그램이 시작할 때부터 이미 인지도가 높은 출연진도 있었지만 방송이 진행되면서 인지도가 급격하게 높아진 출연진도 있었습니다. 방송 중간에 간접 광고가 종종 포함되었을 뿐만 아니라, 군무 영상이 인기를 끌자 해당 방송의 유튜브 채널에서는 모든 출연진이 여행 업체를 광고하는 영상물을 찍어 올리기도 했죠. 이 사례는 콘텐츠(내용), 디지털 기술(도구), 방송사와 플랫폼 운영(제도), 참여자(사람), 온라인 커뮤니티(공간) 등 미디어를 구성하는 다양한 층위가 어떻게 얽혀 있는지를 잘 보여줍니다.

　이렇게 문화와 기술의 발달은 매체의 의미를 더욱 폭넓고 입체적으로 확장시켜왔습니다. 학교도 이 복합적인 개념으로 설명할 수 있어요. 교육과정과 평가 기준 같은 제도는 수업의 방향을 결정하고, 교실이라는 공간은 또래와 함께 배우고 성장하는 장입니다. 교과서, 칠판, 태블릿 PC 같은 도구는 학습 내용을 구체화하고, 그 안에 담긴 지식과 이야기는 배움의 핵심 자원이죠. 그리고 교사는 이 모든 것을 조율하고 이끄는 매개자로서 중요한 역할을 합니다.

국어과 교육과정의 매체와 매체 자료

국어과 교육과정에서 매체는 갑자기 추가된 교육 내용이 아닙니다. 1차 교육과정에서는 국어교육의 목표를 언어 활동의 방식으로 제시했는데(예: 여러 가지 형식의 인사를 한다, 문학작품 감상에 취미를 갖는다), 이 중에는 "라디오, 영화, 연극에 취미를 갖는다" "취미를 가지고 도서, 잡지, 신문을 읽는다"도 포함되어 있습니다.[7] 중학교 3학년 듣기 영역의 지도 내용에는 "방송 프로그램의 선택 편성에 대하여 생각한다" "영화나 극의 좋고 나쁨에 대하여 의견을 가질 수 있다"가 포함되어 있습니다.[8]

1차 교육과정에 따른 중학교 2학년 1학기 《국어》 교과서에도 〈영화와 씨나리오〉라는 단원이 있습니다. 같은 교과서 3단원 〈전화와 방송〉에는 통화할 때 말하기의 유의점, 방송의 특성이 제시되어 있고요. 요즘 소통 환경으로 말하자면, 스마트폰이나 태블릿 PC로 생각이나 느낌을 표현하고, 공공 데이터 서비스를 이용해 필요한 정보를 수집하는 방법 등이 국어과 교육과정과 교과서에 제시된 셈입니다.

4차 교육과정에는 클럽 활동, 학교 행사 등 비교과 교육 활동에도 '방송' '영화' 등이 포함되었고, 5차 교육과정에는 6학년 읽기 영역에 '어린이 신문 기사' '광고문' 같은 언어 자료가 명시되었습니다. 또 6학년 말하기 영역에서 '매체'라는 단어가 처음 등장하기도 했습니다. 6차 교육과정에서는 일기 예보 방송을 예로 들어 대중 매체의 정보 전달 기능을 해설한 내용도 살펴볼 수 있습니다.

7차 교육과정의 쓰기 영역에는 '컴퓨터로 글쓰기'가 교육 내용으로 명시되었지요. 심화 과목인《국어 생활》에는 "여러 가지 매체 속에 나타나는 다양한 텍스트를 이해하고 감상한다"나 "대중 매체로 표현된 국어 사용 현상을 비판적으로 평가한다" 같은 내용이 포함되었습니다. 하지만 이러한 내용은 매체가 어떤 특성이 있는지, 의사소통을 어떤 방식으로 매개하는지를 탐구하기보다는 매체를 의사소통을 위한 보조적인 수단으로 활용하는 데 초점을 맞추고 있습니다.

사실 매체를 활용한 교육은 국어교육의 본질적인 내용이나 방식이라고 하기는 어렵습니다. 2007 개정 국어과 교육과정에서야 그림책, 애니메이션, 광고, 영화 등이 성취기준에 명시되었고, 각 매체 자료가 어떤 방식으로 의미를 형성하는지를 파악하고, 그 의미를 비판적으로 분석하고, 각 매체 유형에 맞게 결과물을 만드는 등 매체에 대한 교육을 본격적으로 다루기 시작했어요. 학생들에게 매체 문해력을 길러주려면 매체를 활용한 교육뿐만 아니라 매체에 대한 교육이 꼭 필요합니다.

그런데 2009 개정 교육과정과 2015 개정 교육과정에는 '매체'와 '매체 자료'가 혼용된 데다 개념 규정도 되어 있지 않아 의미를 명확하게 파악하는 데 어려움이 있었어요. 매체 영역이 신설된 2022 개정 국어과 교육과정 중 1~2학년군 매체 영역 성취기준인 [2국06-01]의 해설에 비로소 매체가 다음과 같이 정의되어 있습니다.

이 성취기준은 매체와 관련된 일상 경험을 나눔으로써 매체와 매체 자료에 대한 흥미와 관심을 가지고 매체의 가치와 필요성을 자연스럽게 인식하도록 하기 위해 설정하였다. **매체란 소통을 매개하는 도구, 기술, 환경**으로, 책, TV, 스마트폰, 컴퓨터, 태블릿, 인터넷 등이 이에 속하며, **매체 자료에는 그림책, 만화, 뉴스, 광고, 웹툰, 애니메이션, 영화 등**이 있다.[9]

즉, 매체와 달리 매체 자료는 의미를 담은 텍스트media text나 내용물contents을 의미합니다. 이 책에서는 일정한 내용을 담는 유형이나 작품을 나타낼 때는 '매체 자료' 또는 '콘텐츠'

라는 용어를 사용하겠습니다.

한편 매체의 발달 과정과 기능, 역할이 무엇인지 알면 매체가 의사소통 문화에 어떤 영향을 끼쳤는지 이해할 수 있습니다. 2022 개정 국어과 교육과정의《공통국어》와《매체 의사소통》에서도 이 점을 탐색해보도록 하고 있어 간단히 살펴보겠습니다.[10]

말과 문자에서 SNS와 웹소설까지, 매체가 일으킨 소통 문화의 변화

말은 특정한 시간과 공간을 공유하는 사람들이 대면하며 사용하는, 가장 현장성 높고 생동감 넘치는 소통 매체입니다. 그러나 말은 그 시간과 장소를 벗어나면 원래 의미를 그대로 보존하기 어렵고, 기억하는 데 한계가 있죠. 그래서 사람들은 중요한 내용이 있으면 그 의미를 보존하기 위해 노래로 형태를 바꿔 암송하거나 구비 전승을 했어요. 그렇지만 수많은 말이 사라져갔습니다. 이런 한계를 극복하기 위해 메시지를 저장할 수 있는 새로운 매체가 등장했는데, 그것이 바로 문자입니다.

　문자를 이용한 기록으로 말을 통한 의사소통의 한계를 상당 부분 극복할 수 있게 되었습니다. 사람들은 문자로 개인의 생각과 느낌을 기록하고 전달했으며, 국가나 개인이 소유한 자산이나 자원, 어떤 사실이나 역사적 사건을 기록하기도 했습니다. 서로 다른 시대의 사람들이 기록물을 매개로 소통할 수 있을 뿐만 아니라 기록된 것을 배우고 익히며 지식을 축적할 수 있었습니다. 이렇게 문자를 통해 인간의 사고나 표현은 더욱 정교하고 체계적으로 구조화되었습니다.

　인쇄술이 발달하면서 책이나 신문을 대량으로 출판하고 유통할 수 있게 되었고, 대중 교육이 가능해졌고, 지식과 문화가 대중화될 수 있었습니다. 나아가 정치 선전이나 상업 광고도 등장하면서 인쇄 매체는 대중을 설득하기 위한 수단으로 활용되기도 했습니다.

　인쇄술의 보급으로 메시지의 대량 복제는 가능해졌지만, 아무리 빠른 교통수단을 이용하더라도 거리가 멀면 그만큼 정보를 전달하는 데 시간이 걸렸어요. 그런데 19세기에 전신 기술이 등장하면서 원거리 의사소통이 가능해졌습니다. 보이지도 않고 목소리가 닿지도 않는 곳에 있는 상대에게 순간적으로 메시지를 보낼 수 있다는 점에서 당시로서는 무척 충격적인 일이었죠. 이 기술을 바탕으로 전화, 무선 전신, 라디오,

텔레비전 방송 등의 매체가 연이어 등장했습니다. 이 중 방송은, 주로 한 장소와 다른 장소를 잇는 지점 간 의사소통의 성격을 갖는 통신과 달리, 한곳에서 불특정 다수에게 일방적으로 메시지를 보낼 수 있죠. 1920년대 미국에서는 라디오 방송국이 설립되기 시작한 지 불과 2년 사이에 576여 개로 급증했고, 대공황 시기였던 1930년대에는 루스벨트 대통령이 중요한 시기마다 라디오를 통해 대국민 연설을 했습니다.

사진에서 발전한 영화의 영상 기술과 방송 기술이 결합된 시청각 매체인 텔레비전이 등장하면서 사람들은 멀리서 일어난 일도 생생하게 보고 들을 수 있게 되었습니다. 1936년, 전 세계 최초로 영국 공영 방송 BBC가 텔레비전 방송을 시작했습니다. 1941년경에는 미국의 NBC와 CBS가 처음으로 정규 뉴스 프로그램을 방영했어요. 이런 방송 매체는 대중문화 보급에 영향을 미쳤습니다. 정보를 일시에 대량으로 멀리까지 전달하면서 사회적으로도 큰 영향력을 발휘했고요.

인쇄 매체, 방송 매체, 통신 매체가 계속 발전해가는 가운데 컴퓨터가 등장했습니다. 최초의 컴퓨터 에니악은 일종의 대형 자동 전자계산기였어요. 이후 과학 기술의 발전으로 처리 속도는 점차 빨라지고 용량은 커지는 한편 크기는 점점 작아졌습니다. 컴퓨터 자체로는 정보를 저장하고 처리하는 데 그쳤지만, 컴퓨터를 연결하는 통신 기술이 함께 발전하면서 인터넷이 등장했죠. 인터넷에서는 정보를 자유롭게 복제하고 공유할 수 있었습니다. 문자, 이미지, 음성, 영상 등 다양한 양식의 정보를 한 화면에서 동시에 복합적으로 사용할 수 있게 된 것이죠. 컴퓨터와 통신 기술의 발달은 문자 매체의 보존성, 인쇄 매체의 복제성, 방송 매체의 원격성과 신속성을 더욱 발전시켰을 뿐만 아니라 실시간 및 비실시간 상호 작용을 가능하게 했어요.

인터넷이 갓 등장했을 때는 몇몇 전문가가 정보를 제공하고, 이용자는 수동적으로 받아들이기만 했습니다. 그러다 이용자가 참여하는 방식으로 기술이 진화했고, 마침내 소통 참여자 간 상호 작용이 더욱 활발한 소셜 미디어가 등장했죠. 이용자는 소셜 미디어를 통해 자신의 개인 정보를 스스로 공개하고, 자기표현을 통해 자신의 이미지와 정체성을 개발하며, 관심사가 같은 사람들과 연결되기도 합니다. 이런 소통 방식은 생산자와 수용자의 경계를 허물고, 소통 참여자 간 물리적 거리감과 사회적 거리감을 극복하게 했을 뿐만 아니라 민주적 의사 결정과 공동체 문화를 확산시키는 데도 영향을 미쳤습니다.

인터넷과 함께 널리 퍼진 스마트 기기는 기존의 인쇄 매체와 방송 매체에 어떤 영향을 미쳤을까요? 종이 위의 글쓰기는 화면상의 쓰기로 이어졌고, 이제는 편집자나 출판사를 거치지 않더라도 누구나 인터넷 공간에 글을 올려 작가로 데뷔할 수 있게 되면서 창작의 문턱이 낮아졌습니다. 인쇄물로 출판된 작품이 인터넷 공간에서 출판되거나 공유되기도 하고, 특정한 웹소설이나 웹툰이 인기를 끌면서 드라마화되기도 합니다.

문해력의 확장이 필요하다

시대별로 매체의 발달에 따른 소통 문화의 변화를 간단히 정리해봤습니다. 여러분 자신이나 학생 개개인의 삶을 통해서도 매체와 소통 방식의 변화를 살펴볼 수 있습니다. 제 사례를 들어볼게요.

저는 초등학교 3학년 때쯤 학교에서 처음으로 8비트 컴퓨터를 사용해봤습니다. 브라운관 모니터 화면에는 검은 바탕에 초록색 글씨가 나타났고, 본체는 키보드와 일체형으로 저장 장치인 테이프를 꽂을 수 있었어요. MS-DOS라는 운영 체제를 경험하면서 GW-BASIC으로 프로그램도 짜봤고요. 그러다가 3.5인치 플로피 디스크를 처음 봤을 때는 '저장 장치가 이렇게 작아질 수 있구나' 하며 놀라기도 했죠.

학년이 올라가면서, 여가 시간에는 《보물섬》이라는 월간 만화 잡지를 즐겨 봤습니다. 비교적 분량이 긴 만화 단행본을 사기는 부담스러워, 종종 동네 대여점에 가서 빌려 본 기억이 있어요. 당시 유행하던 강시 영화나 일본 애니메이션도 비디오로 꽤 많이 빌려 봤죠. 좋아하는 애니메이션이나 드라마를 챙겨 보기 위해 저녁 시간과 주말을 꽤 규칙적으로 보냈던 것 같습니다.

고등학생이 되어서는 처음 삐삐(무선 호출기)를 사용했습니다. 숫자로 빠르게 소통하려다보니 '8282' '9977' 등 수많은 삐삐 용어가 쓰였죠. 호출이 오면 공중전화를 찾아서 음성 메시지를 듣거나 상대에게 호출 번호를 남기기도 했어요. 시티폰으로 상대에게 바로 전화를 거는 사람도 있었답니다. 하지만 시티폰은 발신만 가능했기에 그 수명이 3년도 채 되지 않았습니다. 그 당시부터 저는 인터넷을 본격적으로 이용했어요. 라이코스나 야후 같은 포털 사이트에서 정보를 검색하기 시작했고, 컴퓨터 동아리 활동을 하면서 학교 홈페이지를 만들어 보기도 했죠.

대학생이 되면서 휴대 전화를 처음 썼습니다. 삐삐 대리점은 휴대 전화 대리점으로 바뀌기 시작했어요. 2010년에 스마트폰을 이용하면서부터는 디지털카메라, MP3 플레이어, 녹

음기, 라디오를 더 이상 쓰지 않게 되었습니다. 스마트폰이 여러 디지털 기기의 기능을 모두 담아냈기 때문이죠.

아주 간단하게나마 제가 성장하면서 쓴 매체들을 떠올려 봤습니다. 드라마 〈응답하라〉 시리즈를 보면서 느꼈던 항수를 공유하려는 것이 아닙니다. 지금의 제가 있기까지 어떤 매체들이 영항을 미쳤는지 정리해보려는 것이었습니다. 누구나 자신의 매체 이용 양상이 어떻게 변화해왔는지, 지금은 어떤 방식으로 매체를 쓰는지, 또 매체 자료는 어떤 방식으로 이용해왔는지, 그 매체 자료가 현실을 재현하는 방식이 어떻게 달라져왔는지를 설명할 수 있을 것입니다. 그것이 그 사람을 설명하는 방식일 수도 있을 테고요.

그런데 기술이 발달해 새로운 매체가 등장하면 기존 매체는 없어지는 것일까요? 새로운 기술은 기존 기술을 모두 흡수하고 있을까요? 앞서 언급한 시티폰 외에 블루레이도 사라졌고, 카세트테이프나 CD도 과거에 비해 생산량이 매우 줄어들었죠.

종이책의 종말이 화두였던 적도 있습니다. 바로 전자책 때문이었죠. 화면으로 책장을 보여주는 전자책 기기는 1990년 대부터 등장했습니다. 2007년에 온라인 서점 아마존이 전자책 단말기인 킨들을 공개하자, 사람들은 종이책은 점차 사라지고 텍스트 자료는 디지털로 전환되리라 예상했어요. 하지만

한동안 인기를 끄는 듯했던 전자책의 매출 증가세는 2012년에 주춤해졌습니다.[11]

태블릿 PC가 등장하면서 별도로 전자책 단말기를 살 필요가 줄어들고 전자책이 덩달아 팔리지 않은 탓도 있지만, 읽기 수단으로서 종이책이 여전히 중요했기 때문이었죠. 쓰기 도구도 마찬가지입니다. 태블릿 PC로도 필기를 할 수 있지만, 지금도 다양한 필기구는 물론 고급 만년필도 만들어지고 있지요. 전자책 단말기가 있기는 하지만, 출판 시장에서의 비중은 전자책보다 종이책이 월등히 높습니다. 한국출판문화산업진흥원이 발간한 〈2024년(2023년 기준) 출판산업 실태조사〉 중 출판 사업체의 세부 매출 비율을 살펴보면 종이책은 97.4퍼센트, 전자책은 2.6퍼센트입니다.[12]

종이책은 유명인이나 영상 콘텐츠의 인기에 따라서 생산되기도 합니다. 매체 변용 양상을 보면 만화나 소설에서 드라마나 영화로 재창작되는 사례가 많기는 하지만, 영화나 드라마가 인기를 끌면서 그 각본집이나 메이킹 북, 포토 에세이가 책으로 출판되는 사례도 있죠. 좋아하는 콘텐츠를 물질로 소유하고 싶은 마음이 있으니까요.[13]

이 외에 라디오 방송에 사연을 보내는 애청자도 있고, 때로는 유튜브 채널을 통해 보이는 라디오 형태로 방송이 송출되기도 하죠. 방송국은 유튜브 채널이나 SNS 계정을 함께 운영하면서 실시간으로 사람들과 소통하고, 클립 영상과 숏폼 콘텐츠로 영향력을 확장하고 있습니다. 스마트폰과 스트리밍 서비스 덕분에 오디오북이나 오디오 매거진 같은 콘텐츠 제작 또한 활발해졌죠. 기술이 발달하면서 새로 등장한 매체가 기존 매체를 대체하는 경우도 있지만, 새로운 매체와 기존 매체가 서로 영향력을 주고받으며 공존하기도 합니다.

인공지능, 사물 인터넷, 클라우드, 빅 데이터, 모바일 기술은 이미 일상화된 배경 기술이 되어 사회 전반의 의사소통 방식을 바꾸고 있습니다. 검색 서비스와 SNS, 동영상 플랫폼은 모두 알고리즘으로 정보를 선별해 개인화된 피드를 구성합니다. 디지털 매체와 대화를 나눌 수 있게 하는 음성 인식 장치와 인공지능 서비스, 증강 현실 기술과 실시간 번역 기능으로 다른 언어를 자동 번역해 보여주거나 지리 정보를 띄워 길 안내를 해주는 스마트 기기도 빠르게 보급되고 있습니다. 머지않아 우리는 다양한 디지털 기기가 몸과 옷, 생활 공간 곳곳과 연결된 환경에서 살아가게 될 것입니다. 동시에 개인 정보 및 저작권 침해, 알고리즘 편향, 디지털 격차, 딥페이크 등이 우리가 꾸준히 관심을 가지고 해결해야 할 과제로 남을 것입니다.

이러한 변화 속에서 문해력을 평가하는 기준도 달라지고

있습니다. OECD는 2029년 국제 학업 성취도 평가에서 읽기, 수학, 과학과 더불어 '미디어와 인공지능 리터러시Media & Artificial Intelligence Literacy'를 새로운 영역으로 도입하겠다고 발표했습니다. 디지털 및 인공지능 도구가 어떻게 작동하는지, 그 속에서 인간이 어떤 역할을 하는지, 이러한 도구가 사회와 윤리에 어떤 결과를 가져오는지 이해하는가를 평가한다는 것입니다. 인터넷과 소셜 미디어, 생성형 인공지능을 모의 구현한 환경에서 정보의 신뢰성과 의도를 판단하면서 편향·잘못된 정보·조작된 콘텐츠를 식별하고 디지털 및 인공지능 도구를 활용해 소통할 수 있는지도 평가 영역에 포함됩니다.

이제 문해력은 텍스트를 이해하고 생산하는 능력에만 머물지 않습니다. 알고리즘이 선별한 정보의 흐름을 이해하고 나에게 추천된 정보를 한 걸음 물러서서 바라볼 줄 아는 능력, 생성형 인공지능이 만들어낸 텍스트와 이미지의 특성을 파악하고 적절한 거리를 유지하며 활용하는 능력, 다양한 매체 형식으로 재구성된 콘텐츠를 비교·분석하고 책임 있게 생산·공유할 수 있는 능력도 문해력의 일부가 되고 있죠. 의사소통 방식과 문화 향유 방식이 바뀌어가는 만큼, 학교 문해력 교육도 디지털 및 인공지능 시대의 시민에게 필요한 읽기, 쓰기, 해석, 참여 능력을 길러주는 방향으로 확장해야 할 것입니다.

문해력의 스펙트럼: 매체 문해력과 그 이웃들

왜 국어 수업에서 매체 문해력을
가르쳐야 할까?

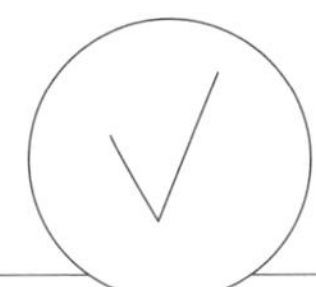

우리가 다른 사람과 소통할 때는 말이나 글, 몸짓이나 손짓, 표정 등을 사용합니다. SNS로 대화할 때는 이모지나 이모티콘 외에도 텍스트의 글꼴, 색상, 배치 등을 이용해 의도나 메시지를 드러내기도 하죠. 그림일기나 동영상은 글자, 이미지 등 여러 가지 양식이 복합적으로 작용해 의미를 형성하기도 하고요. 학습 과정에서도 다양한 감각이나 양식을 활용할 필요가 있지요. 이러한 능력을 복합양식 문해력multimodal literacy이라고 합니다.

전통적인 읽기, 쓰기 개념만으로는 지금 우리에게 필요한 문해력을 설명하는 데 한계가 있습니다. 인터넷과 디지털 기술이 발달하면서 디지털 환경의 특성을 이해해 적절한 정보를 찾고, 비판적으로 분석하며, 책임 있게 소통하는 능력이 중요해졌죠. 매체가 전달하는 메시지의 이면에 담긴 의도를 읽어내는 능력도 필요하고요. 특히 합리적으로 소통하고 현명하게 의사 결정을 하기 위해서는 뉴스를 올바르게 읽는 능력이 중요합니다.

문자 너머 텍스트를 다룬다는 것

문해력은 '글을 읽고 이해하는 능력'이라고 정의됩니다. 과거에는 문자를 해득하는 능력이 일상과 직업 생활을 영위하기 위한 기초적이면서도 필수적인 능력이었습니다. 〈평생교육법〉에서도 문해 교육을 "일상생활을 영위하는 데 필요한 문자해득文字解得 능력을 포함한 사회적·문화적으로 요청되는 기초생활 능력 등을 갖출 수 있도록 하는 조직화된 교육 프로그램"이라고 정의하고, 문해 교육을 제도적으로 보장하고 있습니다. 그러나 현대 사회를 살아가기 위해서는 전통적인 문해력의 의미를 넘어서는 능력이 필요합니다. 이에 따라 문해력의 의미도 시간이 지나며 점차 확장되고 있습니다.

OECD 교육 2030 프로젝트는 문해력literacy을 "문자, 음성, 시각, 복합양식 텍스트를 평가하거나 이용하고, 그러한 텍스트에 관여하는 능력"이라고 정의합니다.[14] 단순한 문자 중심의 읽기·쓰기 능력, 즉 개인의 인지적 기능을 넘어선 것으로 바라본 겁니다. 오늘날 우리는 이미지, 영상, 소리 등 다양한 방식으로 정보를 이용하죠. 이처럼 복합적인 기호를 해석하고 구성하며 의미를 생성하는 능력과 다양한 양식의 텍스트를 비판적으로 다루는 능력을 포함하는 것이 문해력입니다.

나아가 문해력은 사회적 실천이기도 합니다. 텍스트는 특정한 사회적·문화적·경제적·정치적 맥락에서 생산되고 소비되며, 독자는 그 안에서 의미를 판단합니다. 그래서 문해력은 비판적 시민으로서 사회와 소통하는 능력으로 의미가 확장되고 있습니다. 이런 관점에서 유네스코도 문해력을 평생에 걸쳐 발달하는 능력으로 보고, 디지털 역량·매체 문해력·지속 가능한 발전을 위한 교육·세계 시민 의식·직무 능력 등으로 이뤄진 더 큰 역량 집합 속에서 이해해야 한다고 설명합니다.[15]

매체 문해력, 미디어로 소통하고 사회에 참여하는 힘

매체 문해력이란 매체로 이뤄진 정보나 문화 콘텐츠

에 접근하고, 이를 비판적으로 해석하며, 매체를 활용해 의미 있는 정보와 문화를 생산하고 전달하는 능력을 말합니다. 여기에는 모든 형태의 미디어를 분석, 평가, 제작, 공유하는 데 필요한 기술과 윤리적이고 책임 있는 미디어 이용 태도 모두가 포함되죠. 매체 문해력은 미디어 리터러시media literacy를 우리말로 옮긴 말이기도 합니다. 미디어 리터러시는 미디어에 대해 가르치고 배우는 과정인 미디어 교육의 결과로 학습자가 얻는 지식과 역량을 의미합니다.[16] 미디어 교육이라고 하면서 결국 알맹이는 매체 활용 교육인 경우도 있었죠. 그러나 정보 통신 기술 교육이나 디지털 기술 교육의 목적은 도구를 잘 활용하게 하는 것이지, 매체 문해력을 길러주는 것이라고 하기는 어렵습니다.

미디어 교육의 이론과 실천 방안을 최초로 정립한 사람은 영국의 중등학교 영어 교사였던 렌 마스터먼입니다.[17] 그러니까 우리 상황에 빗대자면, 중등 국어 교사가 미디어 교육이 왜 필요하고, 그것을 어떤 방식으로 해야 하는지를 처음으로 선언한 셈입니다. 마스터먼은 매체가 전달하는 메시지가 사회의 권력 구조에 따라 구성된다는 점을 강조하면서 매체 자료를 비판적으로 분석하는 능력을 길러야 한다고 주장했죠. 1990년대 이후, 디지털 기술이 발달하면서 매체는 전통적인 매체를 넘어서서 다양한 전달 형태와 양식을 포함하는 개념으로 확장되었습니다.

나아가 디지털 기술이 시민 참여를 더욱 쉽게 만든다는 점에서 매체 문해력은 시민으로서의 참여까지 아우르는 개념으로 확대되었어요. 매체 문해력 교육 연구자인 르네 홉스는 매체 문해력을 "미디어가 전달하는 메시지에 접근해 이를 비판적으로 분석·평가하고, 다양한 형태의 메시지를 생산·공유하는 능력으로, 미디어 이용에 대한 성찰, 미디어를 이용한 소통 및 사회 참여까지 포함"한다고 했습니다.[18] 또 미국의 전국 미디어 리터러시 교육 연합NAMLE은 매체 문해력을 "모든 종류의 의사소통 양식을 활용해 정보에 접근, 분석, 평가, 창조하고 실천하는 능력"이라고 규정하면서, 학습자를 비판적으로 사고하고, 콘텐츠를 창조하며, 효율적으로 의사소통하는 적극적인 시민으로 키우려면 매체 문해력이 필요하다고 설명했습니다.[19]

매체 문해력 교육에서 학습자는 다양한 형태의 미디어에 접근해 분석하고, 생산하는 한편 작가, 청중, 메시지, 의미, 재현, 사회 현실을 탐구하고 성찰하면서 정보와 의사소통이 세상에 어떻게 영향을 미치는지를 고찰합니다.[20]

정보 문해력, 정보의 진위를 가려내는 힘

정보 문해력information literacy은 정보 기술이 급속하게 발달한 1980년대 중후반 이후에 등장한 개념입니다. 특히 1990년대 이후 인터넷 이용이 급증해 사람들이 직접 정보를 만들고 공유할 수 있게 되면서 정보 문해력에 대한 사회적 수요는 더욱 커졌습니다.

정보 문해력은 정보 소양, 정보 활용 능력 등으로도 불립니다. 이 용어는 "개인적, 직업적 삶에서 정보를 효과적으로 검색, 평가, 활용하는 능력",[21] 또는 "다양한 정보원으로부터 정보를 검색, 분석, 평가, 통합, 활용하는 능력"으로 정의됩니다.[22] 또 "정보가 필요한 시기를 적절히 파악해 유용한 정보를 찾아내며, 찾아낸 정보를 평가해 의사 결정을 하고 문제를 해결하거나 지식 획득이 필요한 상황에 효과적으로 활용할 수 있는 능력"으로 정의되기도 합니다.[23]

정보 문해력이란 정보를 찾아내는 능력에 그치지 않고, 그 정보를 정확하게 분석하고 현명하게 활용하는 힘인 것입니다. 다시 말해 도서관 데이터베이스와 인터넷을 활용해 다양한 정보를 찾고, 그 정보가 신뢰할 만한지, 어떤 맥락이나 권위를 지니는지, 최신 정보인지, 다양한 관점을 반영했는지, 논리적 오류가 없는지 등을 따질 수 있는 능력입니다.[24]

그런데 디지털 환경이 가속화되면서도 지역, 사회, 문화, 경제 여건에 따라 디지털 기기의 이용 경험, 사용하는 기기의 사양 등은 다양하지요. 이에 따라 정보 격차가 발생하기도 합니다. 정보 격차는 단순히 정보 보유 여부를 넘어서서, 보유한 정보 수준에 따른 불평등까지 포함하는 개념으로 확대되고 있습니다. 정보 격차는 사회적으로 유능한 사람과 그렇지 못한 사람이라는 사회적 구분으로 연결되며, 이것은 결국 사회적 차별로 이어질 수도 있습니다. 그래서 학교에서는 정보 활용을 위해 정보 기기를 다루는 기능적, 기술적 차원의 교육은 물론 정보에 대한 비판적 이해와 인식, 정보를 생산하고 유통하는 능력 등을 다뤄야 합니다.

디지털 문해력, 검색만으로는 충분하지 않다

디지털 문해력은 폴 길스터가 그의 책《디지털 리터러시》에서 처음으로 정의했는데요, 그 내용은 다음과 같습니다.

컴퓨터로 제공되는 다양한 형식과 광범위한 출처의 정보를
이해하고 활용할 수 있는 능력[25]

길스터는 디지털 문해력이 그저 컴퓨터를 다루는 능력이
아니라 인터넷에서 찾아낸 정보의 가치를 제대로 평가하기
위해 모든 사용자에게 요구되는 비판적인 사고력을 의미한다
고 설명했습니다. 또한 컴퓨터를 이용해 다양한 출처에서 찾
아낸 여러 형태의 정보를 이해하고, 이를 자신의 목적에 맞게
새로 조합해 올바로 활용하는 능력이라고 했습니다. 이후 이
개념은 정보 문해력, 매체 문해력 같은 개념과 결합하면서 발
전해나갔죠. 정보 문해력이 신뢰할 수 있는 정보를 찾고 평가
하는 능력이라면, 디지털 문해력은 디지털 기기와 플랫폼을
효과적으로 활용하는 능력까지 아우릅니다.

캐나다의 비영리 미디어 리터러시 교육 기관인 미디어스마
트MediaSmarts는 디지털 문해력을 "디지털 기술과 커뮤니케
이션 도구로 적절하게 정보에 접근하고, 관리하고, 통합하고,
분석하고, 평가하며 새로운 지식을 구성하고, 창조하고, 타인
과 소통할 수 있는 흥미, 태도, 능력"이라고 정의하기도 했습
니다. 디지털 기술을 사용할 수 있는 능력에서 더 나아가, 디
지털 환경 속에서 정보를 찾고, 분석하며, 윤리적이고 책임감

있게 활용하는 능력이라고 본 것입니다.

그리고 디지털 문해력이 매체 문해력과 밀접한 관련이 있다고 보고, 그 구성 요소를 '사용하기' '이해하기' '만들기'라는 세 가지 차원으로 나눴습니다.[26] '사용하기'는 컴퓨터와 인터넷을 사용하는 데 필요한 기술적 유창성을 뜻합니다. 워드 프로세서·웹 브라우저·전자 우편 같은 의사소통 도구를 비롯한 기본적인 컴퓨터 프로그램 사용 기술부터, 검색 엔진·온라인 데이터베이스·클라우드 컴퓨팅과 같은 지식 자원에 접근하고 사용할 수 있는 정교한 능력까지 포함하죠. '이해하기'는 디지털 미디어의 의미를 해석하고, 비판적으로 평가하는 일련의 사고 능력을 뜻하는 것으로, 우리의 행동·지각·신념, 우리를 둘러싼 세계에 대해 느끼는 감정에 디지털 네트워크 기술이 어떻게 영향을 미치는지에 대한 인식을 포함해요. '만들기'는 다양한 디지털 미디어 도구를 통해 내용물을 생산하고 효과적으로 의사소통하는 능력을 뜻합니다.

매체 문해력, 정보 문해력, 디지털 문해력은 공통되는 특성이 있어서 조금 혼란스러울 수도 있는데요, 세 개념은 학문적 배경이나 강조점에서 차이가 있습니다.

매체 문해력은 사회·문화적 맥락을 바탕으로 한 의사소통 역량의 성격이 강합니다. 매체 자료와 그것에 담긴 생산자의 메시지를 비판적으로 읽고, 수용자와 매체 특성을 고려해 매체 자료를 생산하는 능력이죠. 정보 문해력은 필요한 정보를 찾아 평가하고, 활용하기 쉽게 구조화해 윤리적으로 사용하는 능력을 말합니다. 디지털 문해력은 디지털 환경에서 올바르게 소통하기 위해 디지털 환경의 특성을 이해하고, 디지털 도구를 적절하고 책임감 있게 활용하는 능력입니다.

이렇게 매체 문해력, 정보 문해력, 디지털 문해력의 개념을 비교해서 살펴봤습니다. 문해력은 광고, 영화, 게임 등 장르는 물론 교육과정이나 경제 같은 용어와도 결합되어 사용될 만큼 다양한 분야에서 쓰이고 있는데요, 시민성 함양을 위한 매체 문해력 교육을 위해 필수적인 개념을 두 가지만 더 골라서 살펴보려 합니다.

비판적 문해력, 언어의 이면 읽기

비판적 문해력critical literacy은 글을 읽고 의미를 파악하는 것을 넘어 텍스트가 어떤 맥락에서 생산되고 소비되는지, 그 과정에서 특정한 권력관계나 사회적 구조가 작동하는지를 분석하는 능력입니다. 텍스트를 그대로 받아들이는 것이 아니라, 텍스트가 만들어지는 과정에서 작동하는 힘을 탐구하고, 그것이 독자에게 미치는 영향을 파악하는 거죠.

비판적 문해력 교육에 따라 학생은 교육과정의 문화적·이념적·사회 언어학적 내용을 탐구하고, 권리를 박탈당한 소외 집단의 관점에서 사회 정의를 위한 문해 활동에 초점을 맞춥니다.[27] 그래서 텍스트들이 특정한 상황에서 특정한 효과를 내기 위해 어떻게 쓰이는지를 탐구하며, 이를 위해 비판적 언어 인식을 중요시합니다.

비판적 언어 인식은 언어가 어떻게 사회적 힘과 이데올로기를 반영하고 생산하는지를 이해하고 성찰하는 관점을 말합니다. 언어를 사회적 실천으로 보고, 언어가 특정 집단의 가치나 권력관계를 어떻게 드러내거나 숨기는지를 분석하는 데 중점을 둡니다.

오늘날 매체는 정보를 전달하는 역할에 머물지 않고 특정한 가치관과 세계관을 반영하며, 때로는 여론을 형성하고 사회적 행동을 유도하기까지 합니다. 예를 들어 뉴스 기사를 읽을 때도 그저 내용만 이해하는 것이 아니라, 기사 작성자의 입장과 기사에 등장하는 인물의 시각, 그리고 기사에서 배제된 목소리까지 고려해야 하는 이유죠. 같은 사건이라도 매체에 따라 다르게 서술될 수 있으며, 특정한 단어나 이미지가 독자의 감정과 태도에 영향을 미치기도 합니다. 이런 요소들을 의식적으로 분석하는 것이 비판적 문해력의 핵심입니다.

뉴스 문해력, 재현의 목적과 초점 판단하기

우리가 뉴스를 접하는 방식은 예전과 크게 달라졌습니다. 과거에는 신문, 라디오, 텔레비전과 같은 한정된 경로로 뉴스를 접했지만,[28] 오늘날은 온라인 뉴스, 유튜브, 소셜 미디어 등 매우 다양한 경로로 뉴스를 이용합니다. 뉴스를 전달하는 매체가 다양해지고 뉴스의 양도 급증하면서, 정확한 정보를 찾아내고 뉴스의 맥락과 신뢰성을 판단하는 능력이 더욱 중요해졌습니다. 이런 배경에서 등장한 개념이 뉴스 문해력news literacy입니다. 뉴스 문해력은 단순히 뉴스를 읽고 내용을 이해하는 것에 그치지 않고, 뉴스가 생산되는 과정과 맥락을 이해하고, 뉴스가 전달하는 메시지를 비판적으로 평가하며, 이를 바탕으로 삼아 사회에 능동적으로 참여하는 능력을 아우릅니다. 즉, 뉴스 문해력은 뉴스를 정확하게 읽고 이해하는 능력뿐 아니라 비판적으로 사고하고 판단하는 힘을 뜻합니다.

뉴스를 깊이 있게 바라보기 위해 뉴스와 관련된 주요한 개념들을 간단히 살펴보겠습니다.

① 뉴스 가치: 무엇이 뉴스가 되는가

세상에는 많은 일이 일어납니다. 객관적이라거나 사실을 전달한다고 여겨지는 뉴스도 결국은 현실을 재현하는 미디어죠. 세상에서 일어나는 모든 사건이 뉴스가 되는 것이 아닙니다. 그렇다면 무엇이 뉴스가 될까요?

보도할 사건을 선택할 때 영향을 미치는 기준을 뉴스 가치 news value라고 합니다. 유명한 사람, 가까운 지역, 영향력이 큰 사건이나 최근에 일어난 사건이 뉴스가 될 가능성이 높죠. 학자에 따라 뉴스 가치가 조금씩 다른데, 보통은 시의성, 근접성, 저명성, 영향성, 이상성(흥미성), 인간적 흥미 등이 언급됩니다. 예컨대 노벨 문학상에 관한 뉴스는 매년 보도되지만, 2024년에는 그 양과 깊이가 다른 해와 확연히 달랐습니다. 아시아의 여성 작가이자, 광주 민주화 운동과 제주 4·3 같은 역사적 사건을 다룬 작품을 쓴 한강의 노벨 문학상 수상은 시의성, 근접성, 영향성, 이상성 등 여러 측면에서 뉴스 가치가 매우 높았어요. 이 개념을 적용한다면, 학생들도 언론사마다 보

1. 뉴스 한 편을 선정해보자.
2. 다음 평가 기준별로 점수를 매기고, 그렇게 평가한 이유를 작성해보자.

평가 기준	점수	이렇게 평가한 이유는?
흥미로운 내용인가?		
지금 보도할 가치가 있는가?		
중요한 정보를 다루고 있는가?		
유익한 정보를 알려주고 있는가?		
유명한 인물이나 기관이 등장하는가?		
우리 삶과 얼마나 관련이 있는가?		

3. 위 기준 외에 어떤 사건을 뉴스로 선정하기 위한 기준에는 또 무엇이 있을지 말해보자.

뉴스 가치 관련 학습활동의 예

도되는 뉴스를 보며 뉴스 가치가 어떻게 다를지 추론하고, 지역, 연령, 관심 분야 등 집단의 특성을 고려해 뉴스를 선정하고 배열하는 활동을 해볼 수 있습니다.

② 경성 뉴스와 연성 뉴스: 어떤 뉴스에 더 끌리는가

현재까지 축적된 뉴스의 수는 매우 많으며, 하루에도

1만 건에 이르는 뉴스가 보도되고 있습니다. 이렇게 방대한 뉴스는 다루는 주제에 따라 정치, 경제, 사회, 생활·문화, IT·과학, 국제, 문화, 스포츠 등 여러 범주로 분류됩니다. 그러나 범주가 같더라도 적용된 뉴스 가치가 다르며, 사회에 미치는 영향력이 다르기도 합니다. 예를 들어 '정부의 인공지능 연구 투자 확대 발표' 또는 '신종 바이러스 백신 개발'과 같은 뉴스는 과학 분야에 속하면서도 '영향성'이라는 뉴스 가치가 강합니다. 반면 'SF 영화 속 기술의 현실화 가능성' 같은 뉴스는 동일하게 과학 분야에 속하지만, 이상성이 강조되죠. 또 환경에 관한 뉴스 중에서도 폭염이나 한파, 산불, 홍수, 오염 사고 등 재난 관련 뉴스는 시의성과 영향성이 높아 신속한 보도가 중요합니다. 반면 친환경 패션, 비건 식단, 멸종 위기 동물 보호 사례와 같은 뉴스는 비교적 개인성과 인간적 흥미가 강조되는 특징이 있습니다.

이처럼 뉴스는 그 내용과 성격에 따라 크게 경성 뉴스硬性 news와 연성 뉴스軟性 news로 나뉩니다. 경성 뉴스는 대체로 정치, 경제, 사회, 국제 이슈처럼 공공의 이익과 직결된 정보를 제공하는 것이 특징이죠. 사회적 영향력이 크고 정책 변화나 법률, 경제 등과 밀접한 관련이 있어서 신문 1면, 방송 뉴스의 첫 번째 순서를 차지하는 경우가 많습니다. 반면 연성 뉴스

는 문화·예술, 연예·오락, 스포츠, 생활·건강처럼 개인적 소재
나 대중적 관심을 다룹니다. 개인의 삶과 문화적인 흐름을 반
영하며, 오락적 성격이 강조되죠.

자신이 주로 소비하는 뉴스가 공공의 이익을 위한 정보인
지, 단순한 흥미성 기사인지 되돌아보는 과정은 정보 소비 습
관을 개선하고 뉴스를 보다 균형 있게 활용하는 데 도움이 될
수 있습니다. 기후변화 문제를 다루면서 과학적 분석보다는
유명인의 친환경 캠페인에 초점을 맞춘 보도와 같은 연성 뉴
스화 사례를 비판적으로 분석할 필요도 있습니다.

③ 의제 설정: 뉴스는 어떤 역할을 할까

세상에서 일어나는 수많은 문제 가운데 무엇에 더 관
심을 기울여야 하는지 결정하는 과정에서 매체는 결정적인
영향을 미칩니다.[29] 매체의 이런 특성을 설명하는 의제 설정
이론은 매스 커뮤니케이션 분야에서 가장 활발하게 연구된
이론 중 하나입니다.

사회에서 어떤 정책을 추진하기로 할 때 가장 먼저 하는 일
이 미디어 의제, 공중 의제, 정책 의제 등을 중심으로 의제를
설정하는 것입니다. 이 중 미디어 의제media agenda는 뉴스,
방송, SNS, 광고 등에서 다루는 이슈를 의미하죠. 미디어는 특

정 이슈만 주목하게 해서 대중의 평가 기준을 바꿀 수 있습니다. 미디어에서 특정 이슈가 보도의 초점이 되거나 지속적으로 다뤄지면, 공론장에서의 중요성이 높아질 수 있어요. 미디어 의제는 공중 의제에 영향을 미치기도 해요. 미디어가 특정 사안을 반복적으로 강조해 전달하면 미디어 이용자는 그 사안을 중요하게 인식하게 되죠.

공중 의제public agenda는 특정 시점에서 대중이 중요하게 여기는 이슈를 말합니다. 미디어 의제와 상호 작용하며 형성되기도 하지만, 여론 조사, 미디어 보도, 사회 운동, 공동체 내부의 논의 등을 통해 자연스럽게 발전하기도 하죠. 사회적 관심도와 미디어에 보도되는 정도에 따라 급격히 변할 수 있으며, 정치적인 의제로 발전할 가능성도 있습니다.

정책 의제policy agenda는 정부 관계자뿐 아니라 개인도 주목하는 주제입니다. 시민과 공동체를 위해 일해야 하는 정부의 권력 행사와 관련된 사안, 시민의 삶과 공동체에 영향을 주는 사회적 가치 배분에 관한 정책 결정 과정, 시민이 참여해 공동체를 위한 해결 방안을 모색해야 하는 문제 등을 포함하죠.[30]

④ 프레이밍: 뉴스는 현실을 어떻게 보여줄까

뉴스는 사실을 있는 그대로 전달하지 않습니다. 어떤

사실을 어떤 방식으로 말하느냐, 즉 '틀(프레임)'을 어떻게 짜느냐에 따라 뉴스가 주는 인상과 의미가 달라집니다. 이를 설명하는 개념이 바로 프레이밍framing입니다.

프레이밍은 뉴스, 광고, 영상 등 다양한 미디어 콘텐츠가 어떤 관점에서 현실을 조직하고 구성하는지를 분석하는 개념입니다. 동일한 사건도 어떤 단어를 쓰는지, 어떤 인물의 목소리를 강조하는지, 어떤 이미지를 사용하는지에 따라 의미가 전혀 달라질 수 있습니다. 예를 들어 노조의 파업을 '불법 점거'로 묘사하느냐, '생존권 투쟁'으로 표현하느냐에 따라 수용자는 완전히 다르게 인식하게 되죠. 또 '이태원 압사 사고' '이태원 참사' '10·29 참사'라는 용어 중 무엇을 선택하느냐에 따라 이용자에게 사건의 책임 소재, 사회적 파장, 공공성의 크기에 대한 서로 다른 인식을 심어줄 수 있습니다. 이런 점에서 프레이밍 분석은 단순히 언어 선택의 문제를 넘어서서 저널리즘의 힘과 책임을 교육하는 핵심 주제입니다.

따라서 프레이밍을 읽어내는 능력은 학생들이 미디어 속 현실 재현의 편향성과 이념적 구성을 비판적으로 이해하게 돕습니다. 수업에서는 같은 주제를 다룬 두 기사나 영상의 구성 방식을 비교하거나, 한 콘텐츠의 키워드와 표현 방식을 분석하는 활동 등으로 이 능력을 길러줄 수 있습니다.

1. 다음 ㉮, ㉯, ㉰는 동일한 사건을 보도한 서로 다른 언론사의 뉴스 표제다. 각 뉴스가 사건을 어떻게 명명하고 있는지 비교해보자.

㉮	㉠ **태안 기름 유출사고** 15년 지났지만… 피해민에 가지 못한 2천억	《충청투데이》 (2022. 12. 7.)
	㉡ 삼성 1호-허베이 스피릿 호 원유 유출(태안 기름 유출) 사고	《파이낸셜리뷰》 (2022. 12. 7.)
	㉢ 태안신문 기자들이 전하는 '**삼성중공업 기름유출 사고**' 15년의 아픔	《미디어오늘》 (2022. 12. 7.)
㉯	㉠ '**이태원 압사사고**' 여파… 서울 가을 축제 줄줄이 취소	《한국경제》 (2022. 10. 30.)
	㉡ 의정부 각급 의료 기관, **이태원 참사** 사망자 임시 안치	《아시아경제》 (2022. 10. 30.)
	㉢ 심리학자·언어학자가 '이태원 참사' 대신 '**10·29 참사**'를 제안한 이유	《미디어오늘》 (2022. 11. 4.)
㉰	㉠ 전남 **무안공항 여객기 사고**…170명 넘게 사망	YTN (2024. 12. 29.)
	㉡ 대전 정치권, **무안공항 여객기 참사** '애도'	《충청뉴스》 (2024. 12. 29.)
	㉢ **제주항공 참사**, 탑승자 181명 중 179명 사망… 2명만 생존	SBS (2024. 12. 29.)

2. ㉮, ㉯, ㉰의 사건을 어떻게 명명하는 것이 좋을지, 그 이유는 무엇인지 정리해보자.

3. 뉴스가 사건을 명명하는 방식에 주목해야 하는 이유를 말해보자.

4. 위와 같이 여러 언론사에서 동일한 사건을 다르게 명명하는 사례를 찾아보자.

프레이밍 관련 학습활동의 예

01

학교에서의 미디어 교육과 매체 문해력

왜 국어 수업에서 매체 문해력을 가르쳐야 할까?

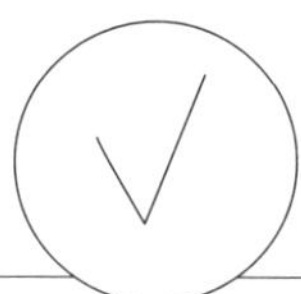

코로나19로 대면 활동이 제한되고 디지털 미디어 이용 시간이 대폭 증가하자, 미디어 교육에 대한 사회적 요구가 높아졌고 실제로 각종 제도가 마련되기도 했습니다. 청소년이 부적절한 콘텐츠를 보거나 그런 콘텐츠에서 부적절한 언어 습관을 익히고, 미디어에 과몰입하는 한편 디지털 성범죄, 딥페이크 같은 온라인상 범죄가 확산되는 등 사회문제가 빈번하게 나타났기 때문입니다.

미디어 교육은 이런 사회문제의 해결 방안이 아닙니다. 물론 미디어 교육은 사람들이 미디어의 특성을 제대로 이해하고, 미디어를 비판적이고 주도적으로 이용하도록 하는 데 도움이 될 수 있습니다. 그러나 미디어 역기능을 예방하는 것이 미디어 교육의 궁극적인 목적은 아닙니다.

디지털 시대의 기본권,
미디어 교육을 받을 권리

왜 학교에서 미디어 교육이 필요할까요? 사실 이는 단지 '필요하다'로 끝낼 수 있는 질문이 아닙니다. 우리 아이들이 살아갈 디지털 시대에는 '미디어를 제대로 이해하고 다룰 줄 아는 능력'이 곧 삶의 기본 조건이기 때문입니다. "미디어 교육을 받을 권리는 디지털 미디어 시대의 기본권"이라는 선언[31]이나 미디어 및 대중문화 분야의 대표적인 학자인 헨리 젠킨스가 국내 언론과의 인터뷰에서 미디어 교육이 이뤄지지 않은 상태에서의 온라인 교육은 일종의 범죄에 가깝다[32]고 언급한 일 등은 미디어 교육의 의의가 무엇인지, 우리 사회에서 미디어 교육이 얼마나 중요한지를 깨닫게 합니다.

법에서도 학교가 정보 문해력 교육을 위한 계획을 세우고,[33] 원격 교육을 할 때 디지털 미디어를 비판적으로 읽고 사회에 참여할 수 있는 역량까지 함께 길러야 한다고[34] 규정하고 있어요.

그렇다면 학교는 매체 문해력 수업을 어떤 식으로 진행할 수 있을까요? 수업을 설계할 때는 교육과정의 목표뿐만 아니라 학생의 관심과 수준, 그리고 지역 사회와 학교의 특성까지 두루 살펴야 합니다. 한두 시간 수업으로 끝내기보다는, 학생이 점차 능력을 키워갈 수 있도록 학습 경험을 연속적으로 구성하는 것이 중요하죠.

예를 들어 국어 시간에 '광고를 읽고 해석하기' 수업을 한다고 해볼까요? 처음에는 창의적인 아이디어가 돋보이는 광고들을 제시한 다음 그 의미나 주제를 추리해보도록 하거나, 어떤 방식으로 발상했는지 파악하고 비슷한 방식으로 아이디어를 구상해보도록 할 수 있겠죠. 광고의 구성 요소나 표현 기법, 설득 전략을 분석해보게 할 수도 있고요. 이를 바탕으로 진로 분야에 관한 광고, 공공의 문제를 해결하기 위한 공익 광고, 설득 전략을 효과적으로 적용한 상업 광고 등을 학생 스스로 기획하거나 만들어보는 활동으로 마무리할 수 있을 것입니다.

교과서 내용만 따르기보다 학생의 관심사, 지역 문화, 사회적 이슈까지 수업 내용에 반영하면 훨씬 생생한 수업이 될 수 있어요. 지역 축제 포스터를 분석하거나 SNS에서 유행하는 밈을 소재로 수업을 구성하는 것이죠. 이렇게 수업이 현실과 연결될 때, 학생은 '배우는 것'이 '사는 것'과 통한다는 걸 자연스럽게 느끼게 됩니다.

매체 문해력 수업은 다양한 방식으로 이뤄질 수 있습니다. 크게 세 가지 흐름으로 정리할 수 있어요.[35] 먼저 매체를 이해

유형	내용
매체 이해 중심 교육	매체 문해력 교육의 목표 및 내용을 학습 주제로 선정, 미디어에 대한 전반적인 이해를 다룸.
특정 매체 중심 교육	사진, 만화·애니메이션, 스마트 미디어, 영상 등 특정 매체를 중심으로 편성함.
매체 기반 교육	학교 교육과정 편성·운영 및 교과의 교수·학습활동을 계획할 때 매체 자료 활용이나 영상 제작 등을 고려해 교과 수업을 연계함.

미디어 교육의 세 가지 유형

하는 데 초점을 둔 수업입니다. "뉴스는 객관적일까?"라는 질문을 던지고 뉴스의 관점이나 편집 방식, 출처를 분석해보는 활동이 여기에 속합니다.

특정 미디어 유형을 중심으로 학습을 구성하는 방식도 있습니다. 학급 신문 만들기, 관점이 담긴 뉴스나 잡지 제작하기, 라디오 방송 프로젝트처럼 하나의 매체 형식을 깊이 있게 다뤄보는 것이죠.

마지막으로 미디어를 도구로 활용해 다른 교과 내용과 연결하는 수업입니다. 예를 들어 과학 시간에 생태계 보존을 주제로 영상을 만들거나, 사회 시간에 지역 문제에 대한 뉴스 브리핑을 제작하는 활동 등을 생각해볼 수 있어요.

이처럼 매체 문해력 수업은 단순히 '읽고 분석하는 수업'을 넘어, 학생이 세상을 해석하고 표현하고 참여하는 역량을 기르는 데 중요한 역할을 합니다. 교과 수업뿐 아니라 창의적 체험 활동이나 학급 프로젝트, 동아리 활동 등 다양한 교육 활동으로도 충분히 확장할 수 있습니다.

시민으로서 갖춰야 하는 역량은 모두가 배울 수 있어야 합니다. 지금 시대에 매체 문해력은 시민에게 반드시 필요한 능력입니다. 따라서 국가 수준의 보편적인 교육과정 안에서 매체 문해력 교육이 체계적으로 이뤄져야 합니다. 학생이 학교 교육을 받기 시작할 때부터 미디어 교육을 함께 받을 수 있어야 해요.

국어과 교육과정의 목표는 전통적으로 의사소통 능력, 비판적 사고력, 창의적 표현력, 문화 향유입니다. 나아가 학교 교육의 목표는 민주 시민을 기르는 것이죠. 지금의 의사소통 방식과 문화 향유 방식이 디지털 미디어를 바탕으로 하고 있으니, 매체 문해력 교육은 학교 교육, 특히 국어교육에서 중요하게 다뤄야 합니다.

우리나라는 2015 개정 교육과정에서 처음으로 '핵심 역량 중심 교육과정'이라는 방향을 제시했습니다. 지식 정보 처리 역량, 의사소통 역량 등 매체 문해력과 연결되는 부분이 있었지만, '매체 문해력'이라는 말이 교과서나 교육과정 문서에 명시되지는 않았습니다.

2022 개정 교육과정에서 변화가 생겼습니다. 전 교과에서 공통적으로 길러야 할 기초 소양이 제시되었고, 그중 하나가 바로 언어 소양이었습니다. 언어 소양은 단지 문장을 읽고 쓰는 수준을 넘어, 다양한 매체와 소통 방식 속에서 정보를 이해하고 비판하며 표현할 수 있는 힘으로 확장되고 있죠. 매체 문해력 교육이 교과 수업 속으로 들어올 문이 열린 셈입니다. 언어 소양의 의미는 다음과 같습니다.

언어 소양은 다양한 문화적·사회적 맥락에서 언어를 적절하게 사용하여 공동체 구성원과 소통하며 문제 해결에 함께 참여하는 능력을 의미한다. 글과 말을 통해 정보를 이해·해석하고 생각을 효과적으로 표현하는 기초적인 문해력과, 영상, 사진, 그래픽 등

2022 개정 국어과 성취기준	관련된 기존 성취기준
[2국06-01] 일상의 다양한 매체와 매체 자료에 흥미와 관심을 가진다.	**2007 문학 1(3)** 그림 동화 속의 그림을 이야기와 관련지어 이해한다. **2007 듣기 3(4)** 애니메이션을 보고 반언어적·비언어적 표현을 이해한다.
[2국06-02] 일상의 경험과 생각을 글과 그림으로 표현한다.	**2007 쓰기 1(4)** 인상 깊었던 일을 정리하여 그림일기를 쓴다. **2007 읽기 3(4)** 만화나 애니메이션을 보고 인물의 성격을 시각적으로 표현하는 방식을 안다. **2007 쓰기 4(4)** 글과 그림이 잘 어울리게 그림책을 만든다.
[4국06-01] 인터넷에서 학습에 필요한 다양한 자료를 탐색하고 목적에 맞게 선택한다.	
[4국06-02] 매체를 활용하여 간단한 발표 자료를 만든다.	**2015 [6국01-05]** 매체 자료를 활용하여 내용을 효과적으로 발표한다.
[4국06-03] 매체 소통 윤리를 고려하여 매체 자료를 활용하고 공유한다.	**2007 듣기 5(3)** 온라인 대화를 일상 대화와 비교하여 이해한다.

초등학교 매체 영역 성취기준과 기존 성취기준의 대응(일부)

다양한 매체 형식을 활용하여 정보를 해석하고 소통할 수 있는 매체 문해력을 포함한다.[36]

즉, 언어 소양은 기초 문해력과 매체 문해력을 아우르는 개념입니다. 각 교과마다 그 특성에 맞게 기초 문해력과 매체 문해력이 반영되어 있죠.

한편 초등학교 저학년 학생에게는 국어 과목이 미디어 교육에 적합합니다. 국어 과목에서 다양한 미디어 유형을 두루 다루는 것이 효과적이죠. 2022 개정 국어과 교육과정에는 초등학교 저학년부터 매체 문해력에 관한 교육 내용이 제시되었습니다. 다른 과목도 사회적인 요구와 변화를 고려해 매체 문해력에 관한 내용을 새 교육과정에 반영했습니다.

국어과의 영역 구분과 독립 과목

국어과 교육과정에는 매체 문해력에 관한 내용이 어떻게 반영되었을까요? 제1차부터 제3차까지의 국어과 교육과정은 학생의 언어 기능 신장을 목표로 했습니다. 이 시기에는 국어과 교육 내용을 말하기, 듣기, 읽기, 쓰기 등 네 영역으로 구분했죠. 학문 중심 교육과정을 표방한 제4차 교육과정은 하위 영역을 표현·이해, 언어, 문학 등 세 영역으로 구분하고 각각 언어 기능, 국어의 본질을 이해하기 위한 지식, 작품을 감상하기 위한 지식을 중점적으로 다뤘습니다. 1987년 개정된 제5차 국어과 교육과정은 학생 중심, 활동 중심 교육 내용을 강조하며 하위 영역을 말하기, 듣기, 읽기, 쓰기, 언어, 문법 등 여섯 영역으로 구분했습니다. 2007 개정 교육과정부터는 말하기와 듣기를 듣기·말하기 영역으로 통합해 다섯 영역이 되었죠. 그러다가 2022 개정 교육과정에서 매체 영역이 신설되면서 국어과 교육과정은 다시 여섯 영역이 되었습니다.

교육과정 영역을 구분하는 방식은 국어과 교육 목표를 달성하는 데 필요한 교육 내용과 방법이 무엇인지에 따라 달라질 수 있습니다. 영역을 세 개나 네 개로 나누든 여섯 개로 나누든, 국어 수업은 각 영역의 특수성과 영역 간 통합성을 모두 고려해 총체적인 언어 활동을 지향할 필요가 있어요. 그렇다면 기존 영역을 토대로 매체 문해력을 가르치는 것과 별도 영역을 신설하는 것은 무엇이 다를까요?

2007 개정 교육과정부터 국어과 교육 내용에 매체 문해력이 등장했습니다. 각 하위 영역에 매체 문해력 관련 내용을 포

함시키는 방식이었죠. 그러다 보니 매체 문해력보다는 매체 활용에 초점을 맞추거나, 매체 문해력 지식 중 어느 영역에도 속하지 않는 내용은 간과되었어요. 예를 들어 2015 개정 교육과정에는 "[10국02-02] 매체에 드러난 필자의 관점이나 표현 방법의 적절성을 평가하며 읽는다"와 같은 성취기준이 있는데요, 매체 생산자를 '필자'라고 명명했기에 문자 중심 소통으로만 한정될 수 있습니다. 결국 영역을 세분화하는 국어과 교육과정 체제에서는 매체 영역을 신설하는 것이 매체 영역을 제대로 가르치는 방안이 될 수 있을 거예요.

국가 수준 교육과정에서 매체 문해력 함양을 위해 처음 만든 독립 과목은 2007 개정 교육과정의《매체 언어》입니다. 그러나 이 과목은 교육과정 문서에만 등장하고 교과서는 만들어지지 않았어요. 2015 개정 교육과정에서는 고등학교 일반 선택 과목이 재구조화되면서, 문법 영역과 통합된《언어와 매체》교육과정이 만들어졌습니다. 이 과목은 교과서가 제작·보급되었을 뿐만 아니라 수능 과목으로도 포함되었어요. 그러면서 매체 문해력이 고등학교 국어과 교육 내용으로 비중 있게 다뤄지기 시작했습니다. 국어과 외에 사회과의 일반 선택 과목인《사회문화탐구》의 경우, 영역 중 하나로 '게임 과몰입'이 제시되면서 게임 문해력 및 미디어 이용 습관 등에 관한 내용이 포함되었죠. 그러나 이들 과목은 매체 문해력을 독립적으로 다뤘다고 할 수 없습니다. 전체 단원 중 일부로 포함되었기 때문에 매체 문해력을 집중적으로 다루는 데 한계가 있었죠. 그래서 고등학교의 경우, 매체 문해력 교육 강화 방안 중 하나로 독립 선택 과목을 개설해야 한다는 의견이 제기되기도 했습니다.[37] 이러한 매체 문해력에 대한 사회적 요구가 반영되었는지, 2022 개정 국어과 교육과정에는 융합 선택 과목으로 《매체 의사소통》이 신설되었습니다. 이 외에도 고시 외 과목을 통해 매체 문해력을 위한 과목을 개설할 수도 있습니다.[38]

아이들은 무엇을 보고 있는가,

교사는 무엇을 가르칠 것인가

교실에서 시작하는 매체 문해력
매체 영역에서 다루는 핵심 내용 요소
매체 문해력 수업을 위한 아이디어

장은주

교실에서 시작하는 매체 문해력

아이들은 무엇을 보고 있는가,
교사는 무엇을 가르칠 것인가

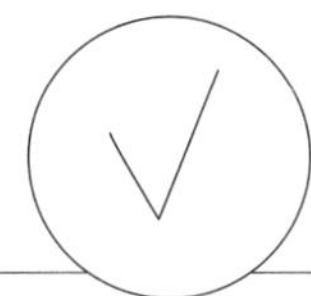

학생들은 기성세대보다 디지털 기기를 훨씬 빠르고 능숙하게 다루는 것으로 보입니다. 그래서 국어 교사가 학생들에게 매체를 가르치는 것이 적절한가, 가르칠 수 있는가 하는 의문이 생길 수도 있습니다. 하지만 학생들이 디지털 기기를 잘 다루기 때문에 매체를 가르칠 필요가 없다는 것은, 사람이 살아가면서 듣기·말하기, 읽기, 쓰기를 다 할 수 있는데 왜 국어교육이 필요하냐는 물음과 비슷해 보입니다. 정말 모든 학생이 디지털 기기를 능숙하게 다룰 수 있을까요? 디지털 정보를 비판적으로 수용하고, 디지털 공간에서의 위기와 기회에 적절하게 대처할 수 있을까요? 학생들의 미디어 문화를 이해하고, 이를 수업 자원으로 활용하려면 어떻게 해야 할까요?

블로그, 전자 우편, 손 편지 등 매체를 선택해 글을 쓰는 활동을 한 적이 있습니다. 전자 우편을 써본 적 없다는 학생이 많아 놀랐습니다. 그런데 이보다 충격적이었던 것은 양손으로 자판을 치는 것보다 엄지로 키패드에 입력하는 것이 편하다며 태블릿 PC가 아닌 스마트폰을 쓰면 안 되겠냐는 물음이었습니다. DM에 익숙한 아이들이 전자 우편을 써본 경험이 없다고 해서 놀란 건 조금은 어리석어 보입니다. 하지만 글쓰기 활동을 하면서 자판이 아니라 스마트폰을 보며 엄지손가락만으로 글을 쓰겠다는 반응에는 단호하게 대처할 필요가 있다고 봅니다.

최근에는 연필 잡는 법, 글씨 쓰는 법을 가르치는 심정으로 온라인 플랫폼에 접속해 공유 문서 사본을 만들고, 기초적인 편집 방법을 안내하곤 합니다. 공책에 필기하고 발표도 하게 하는 한편으로, 빅카인즈 등 뉴스 빅 데이터에 접근하도록 하면서 학생이 검색한 정보를 두고 출처가 신뢰할 만한지를 계속 따져 묻습니다. 국어 수업에서는 전통적인 방식과 디지털을 활용한 소통을 병행해야 한다고 생각합니다. 다만 학생의 발달 상황과 학습 목표를 고려해 가장 적합한 방식이 뭔지 거듭 판단해야 할 것입니다. 그리고 학생들이 미디어를 어떻게 이용하고, 뭘 보고 느끼는지를 파악하는 것도 중요합니다.

아이들이 보는 풍경

학생들의 미디어 문화를 깊이 들여다보면 흥미로운 점이 꽤 있습니다. 아이들은 방송 뉴스나 신문을 보지 않지만, 사회 이슈를 아주 빠르게 접하고 있어요. 스마트폰에 바로바로 뜨는 뉴스를 보기도 하지만, X(옛 트위터)나 유튜브를 이용하면서 뉴스나 유행에 기민하게 반응하기도 하죠. 그 기민함은 영상을 볼 때도 나타나는데요, 1.5배속이나 2배속으로 영상을 보기도 하고, 영상을 동시에 여러 개 실행시키기도 합니다. 영상을 찍거나 디지털 공간에서 각종 콘텐츠를 제작하는 데 어려움이 없기도 하죠. 또 학교에서는 내성적인 학생이지만, 게임 세계에서는 등급이 높은 강자일 수도 있고요.

그런데 디지털 환경에서의 소통은 비대면으로 이뤄지기 때문에 폭력적인 표현이 거침없이 나타나거나 범죄로 이어지기도 합니다. 특히 디지털 공간에서 청소년층은 성인층에 비해 온라인 괴롭힘이나 디지털 혐오 표현을 더 자주 경험하고 있습니다. 방송통신위원회와 한국지능정보사회진흥원에서 실시한 2023년 사이버 폭력 실태 조사에 따르면, 청소년은 성인에 비해 사이버 폭력에 노출된 정도가 높은 편이며(피해 경험률: 청소년 36.8퍼센트, 성인 7.1퍼센트), 유형은 사이버 언어폭력의 비중이 가장 높았습니다. 청소년과 성인 모두 사이버 폭력 피해를 경험했을 때 전년도보다 더 적극적으로 조치했습니다.[1]

최근에는 인공지능을 활용한 범죄도 심각하죠. 학교도 안심할 수 없을 정도입니다. 미국에서는 또래나 교사의 가짜 이미지 또는 영상이 유포되거나, 차별적인 내용이 담긴 가짜 음성 파일 때문에 학교장이 인종 차별주의자로 오해받는 사건이 일어나기도 했습니다. 그래서 주별로 관련 범죄에 관한 법률을 통과시키는 사례가 증가하고 있고, 초등학교에서부터 학생 나이에 적합한 방식으로 디지털 세계 및 관련 기술에 접근할 때의 주의 사항을 꾸준히 가르쳐야 한다는 점을 강조하고 있습니다.[2] 일본에서는 딥페이크 탐지 및 복원 프로그램 개발과 같은 인공지능 기술을 활용한 대응과 ICT(정보 통신 기술) 문해력 및 매체 문해력을 기르기 위한 시책을 추진하고 있습니다.[3]

우리나라도 학교 딥페이크 불법 영상물 관련 대책을 마련하고 있습니다. 2024년 청소년을 대상으로 실시한 인식 조사 결과, 응답자의 89.4퍼센트가 딥페이크 불법 영상물을 범죄로 인식하고 있는 것으로 나타났습니다. 자신도 피해자가 될 수 있다는 점에서 불안함을 느낀다고 답한 응답자는 76퍼센트였습니다. 이 조사 결과를 반영해 피해자를 위한 지원 외에도 교육부가 교육용 영상 콘텐츠와 카드뉴스 등을 제작, 보급해 학

교에서 딥페이크 불법 영상물 예방을 위한 교육을 할 수 있도록 했습니다.[4]

디지털 환경은 기회가 많은 만큼 위험도 크기 때문에, 반드시 안전을 고려해야 합니다. 유엔 아동권리위원회는 2021년에 〈일반 논평 제25호: 디지털 환경에서의 아동 권리General Comment No. 25 (2021) on Children's Rights in Relation to the Digital Environment〉를 발표했습니다. 이 논평의 핵심은 어린이와 청소년이 허위 정보, 사이버 폭력, 디지털 성범죄, 온라인 혐오 등 각종 위험에 대해 올바로 이해하고 자신을 보호하는 힘을 기를 수 있도록 하기 위한 정책 마련을 유엔 아동권리협약 당사국에 권고하는 것이었습니다. 우리나라도 유엔 아동권리협약 당사국으로서 디지털 환경에서 아동 권리를 보호하기 위한 정책을 마련하고 추진해야 합니다.

디지털 격차도 디지털 환경에서 고려해야 할 중요한 문제입니다. 지역적, 문화적, 경제적 배경 등에 따라 또래 집단 내에서도 디지털 역량이나 미디어 이용 경험이 제각기 다릅니다. 보급형 스마트폰과 고사양 스마트폰을 비교해봐도 인터넷 속도는 물론 이용할 수 있는 앱이나 기능에 차이가 있기도 하고요. 이러한 디지털 격차는 디지털 기기 이용 경험이나 기본적인 ICT 능력의 차이, 나아가 학습 능력의 차이로 이어질 수 있습니다.

요즘 아이들은 어떻다는 식의 일반화는 학생들의 전반적인 미디어 이용 경향을 빠르게 설명하거나 이해하는 데는 도움이 될 수 있습니다. 하지만 교실에서 만나는 학생들의 특성을 파악하려면, 선생님의 관찰과 노력이 좀 더 필요합니다. 세대에 따른 특성 외에도 지역이나 학교 자체의 특성이 다르고, 또 학생 개개인의 관심과 흥미가 미디어 이용에 영향을 미치기 때문입니다. 한식구라도 유튜브 화면에 뜨는 채널이 모두 다른 것처럼 말입니다.

#수업 이야기 하나, 너의 취향을 소개해줘!

그렇다면 어떻게 학생들의 미디어 문화를 파악할 수 있을까요? 우선 수업 첫 시간에 짧은 설문으로 간단한 정보를 파악해볼 수 있습니다. 예컨대 '(이전 학년이나 학교급에서) 가장 기억에 남는 국어 수업' '국어 수업에서 가장 좋아하는 활동'이 무엇인지 물어볼 때 선지로 발표하기, 글쓰기, 문학작품 감상하기와 함께 사회문제를 소재로 토론하기, 영상 제작하기 등을 제시할 수 있겠죠. 또는 '가장 기억에 남는 작품(책, 애니메이션, 영화, 드라마 등) 세 가지'를 말해보게 하거나, 자신이 본 작품의 제목으로 빙고 게임을 할 수도 있고요.

매체연구회 선생님들과 학생들의 미디어 문화에 관해 이야기를 나누는 자리에서 어느 선생님께서 "뭘 읽는지가 그 사람이 누구인지를 말해주는데, 지금 아이들은 뭘 보는지 알 수 없다"라고 한 말이 기억에 남았습니다.[5] 그 말에 저도 공감했고, 아이들끼리도 서로 어떤 콘텐츠를 어떻게 즐기는지, 콘텐츠를 보면서 어떤 감정을 느끼는지 등을 공유할 기회가 없다는 생각이 들었죠. 그래서 중학교 2학년 학생들을 대상으로 자신이 좋아하는 콘텐츠에 대해 발표하는 수행평가를 해보기로 했습니다.

선배 선생님들의 수업 사례 중에 '3분 스피치'가 있는데요, 이 활동은 학생들이 각자 정한 주제로 3분 동안 발표하는 것입니다. 그 방식을 참고해 중학교 2학년 학생들로 하여금 책, 영화, 드라마, 대중가요, 애니메이션, 게임 등 좋아하는 콘텐츠를 하나 골라 발표 내용을 준비한 다음, 학급별 국어 패들렛에 올리도록 했어요. 학생이 패들렛에 자료를 올리고 발표 준비를 마치면, 그날의 국어 시간엔 콘텐츠 발표를 먼저 했죠. 그리고 저는 매일 출근하면 수업이 있는 학급의 패들렛에 들어

학급별 국어 패들렛의 예

가서 학생이 올린 발표 자료를 확인하고, 작품을 교체해야 하거나 보충 설명이 필요한 경우에는 미리 학생과 만나 발표 자료에 관해 피드백하는 것이 일상이 되었습니다.

매체 자료를 만들어 발표하는 수행평가는 듣기·말하기 영역 활동이면서, 각자의 미디어 이용 경험을 공유하는 활동이기도 합니다. 수행의 근거는 듣기·말하기 영역에서 선정하고, 배점 비중은 최소한으로 했죠. 한 학기는 미디어 콘텐츠, 다음 학기는 관심 있는 뉴스를 골라 발표하도록 했습니다.

이 활동을 시작했을 때는 활동에 대한 부담을 줄이기 위해 발표 자료를 제작할지 여부도 학생이 직접 결정하게 하고, 발표의 최소 분량도 따로 언급하지 않았어요. 그러다 보니 어떤 반은 대중가요만을 중심으로 발표한다거나, 발표 내용이 부실한 경우가 생겼죠. 그래서 두 번째로 이 활동을 할 때는 학기 첫 시간에 분량을 포함해 다음과 같이 안내했습니다.

○ 주제 발표 평가 기준

　- 내용을 구체적으로 마련하고 발표 자료를 적절하게

　　작성했는가?(3분/1000자 이상/1.5점)

　- 주제가 분명하며, 자신의 생각이나 의견을 논리적으로

　　전개했는가?(1점)

　- 청중이 이해하기 쉽게 내용을 구성하고, 명료하고 분명하게

　　발표했는가?(1점)

　- 친구의 발표에 2회 이상 적절한 질문이나 의견을

　　제시했는가?(+0.5점)

　※ 발표가 부족하거나 상대를 배려하지 않는 표현이 있으면

　　감점될 수 있음.

발표 내용을 마련하지 못하거나, 발표에 대한 부담감 때문에 결국 앞에 나서지 못한 학생들도 있었습니다. 하지만 학생

들은 이 발표 시간에 다른 어느 때보다 집중했던 것 같아요. 자신이 발표를 하든 안 하든 질문은 할 수 있고, 또 자신이 좋아하는 콘텐츠를 친구가 발표하면 반가워하기도 하고, 모르는 콘텐츠지만 발표를 듣고 흥미를 느끼기도 했기 때문이죠. 이 활동은 2023~2024년에 이뤄졌는데, 학생의 발표를 따로 녹음하거나 기록하지는 못했습니다. 대신 하온, 지유, 동운, 정희(이상 가명)와 이 활동에 대해 면담을 했어요.

하온이는 어린 시절에 보고 기억에 남았다거나 재미있게 본 작품 중에서 발표 소재를 고르지 않았습니다. 대신 등장인물이 자신과 같은 학생이고, 청중인 학급 친구들에게 긍정적인 메시지를 줄 수 있을 것 같다면서 최근에 재미있게 본 드라마 〈반짝이는 워터멜론〉을 골랐죠. 학급에서의 말하기였기 때문에 개인의 특성과 함께 학급 친구들과의 관계를 바탕으로 한 메시지가 발화 내용에 포함되었습니다. '어떤 작품을 선정할 것인가'에서 시작해 '자신의 상황이나 경험과 어떤 관계가 있는가' '어떤 메시지를 전달할 것인가'에 대해 고민한 결과를 매체 자료로, 그리고 말로 표현함으로써 자신의 가치관을 드러낸 셈이에요.

교사: 이 활동을 하면서 어떤 느낌이 들었나요? 또는 이 활동이

자신에게 어떤 영향을 미친 것 같나요?

하온: 같은 반이기는 해도 친구들이랑 취향을 공유하거나 그런
일은 별로 없잖아요. 이렇게 자기가 자주 보거나 인상
깊게 본 작품을 소개한 적이 없어서 처음에는 걱정을 하긴
했는데, 사람마다 취향이 다르고 그러니까요. 근데 이걸
하면서 그래도 애들 취향을 조금 더 알아볼 수 있고, 애들이
어떤 작품을 보고 어떤 생각을 하고…. 제가 설명을 듣고
생각하는 거랑 그 친구가 발표하는 거랑 다르니까, 비슷한
작품을 두고 서로 다른 생각을 할 수도 있겠구나, 그렇게
생각했던 것 같아요.

지유는 웹소설 《인소의 법칙》에 대해 발표했어요. 조금 긴
장한 듯했지만, 해당 작품의 등장인물과 제목의 의미, 작품을
보게 된 계기 등을 구체적으로 설명했습니다.

교사: 이 작품을 고른 이유를 얘기해볼 수 있어요?

지유: 제가 6학년 때부터 계속 좋아하던 작품이고, 제 삶에 좀
많은 시간을 잡아먹은 작품이어서.

교사: 시간을 많이 쏟아부었어요? 여기에 왜 시간을 많이
쏟아부었을까요?

지유는 평소 웹소설에 몰입해서인지 친구들에게 '덕후'스럽다는 핀잔을 듣고는 했나봐요. 그런데 공적인 말하기에서 자신이 좋아하는 작품과 그 이유가 뭔지를 드러내면서 자신의 경험을 뿌듯해할 수 있었다고 합니다.

한편 동운이는 어린 시절부터 좋아해온 게임을 소개하기 위해 새벽까지 잠을 줄여 자료를 제작했고, 발표를 하기 전부터 제게 거듭 예고하더군요. 할 말이 무척 많다고요. 발표를 멈추게 하지 않았더니 무려 35분 동안 대본도 없이 강의하고, 친구들의 질문에 답하기도 했답니다. 이후 그 학년 아이들에게 동운이의 발표는 전설처럼 이야기됐죠. 선생님이 진도를 나가지 않고 자기들끼리 재미있는 이야기를 나눌 수 있는 시간이라 여겼던 것 같습니다. 발표한 지 몇 달 뒤에 면담을 하면서, 그 게임을 발표 주제로 정한 이유가 뭔지 물으니 동운이는 아주 구체적으로 답했어요.

교사: 즐기는 게임이 △△도 있고 ○○도 있는데, ○○을 선택했어요. 그 이유가 뭐예요?

동운: 제가 6학년이었을 때, 코로나가 터지면서 집에만 있고 그랬잖아요. 그때 시간 남을 때마다 했던 게임이란 말이에요. 그때부터 지금까지 계속 인생에 녹아들면서 즐기고 사랑해온 게임이어서, 그러니까 사람들이 말하는 '인생작'이죠. 그래서 같이하자고 제안하고 싶은데, 이게 중국 게임이다 보니까 한국에서는 이미지가 그렇게 좋지는 않아요. 그래서 이제 이거를 좀 바꿔주려는 의도도 있었고.

교사: 그러면 본인이 좋아하기도 하고, 다른 사람들의 인식도 개선하고, 이 두 가지를 생각한 거네요. 그럼 왜 △△는 선택하지 않았어요?

동운: △△는 제가 그때 당시에 안 하기도 했는데, 그보다도 우리나라에서 너무 대중적이에요. ○○은 비록 매출이 △△보다 더 잘 나오긴 하지만 아직은 서브컬처라는 인식이 강하고, 우리나라에서는 전체 매출의 대략 7퍼센트 정도밖에 안 나오는 걸로 기억하거든요. 그래서 이 게임

동운이는 3학년이 되어서도, 이미 발표를 마쳤는데도 틈만
나면 "저 또 발표하면 안 돼요?"라며 수행평가와 상관없이 자
신이 좋아하는 게임이나 애니메이션을 언급하곤 했습니다. 졸
업을 앞둔 어느 날, 발표할 시간을 주자 동운이는 비틀스의 음
악 세계에 대해 발표했어요. 또래들에게는 낯설지만, 음악인
을 꿈꿨던 동운이는 자신이 좋아하는 비틀스의 음악을 앨범
재킷을 중심으로 소개하며 중학교 국어 시간의 마지막 발표
를 마쳤죠. 내용도 풍성했습니다. 미디어 경험을 발표하는 자
리를 가볍게 여기지만은 않았던 것 같아서 참 고마웠어요.

학생들이 발표한 작품 중에는 제가 모르는 것이 꽤 있었습
니다. 드라마, 영화, 만화를 제법 많이 봤다고 자부하는 편인
데, 제목만 알지 제대로 보지 않은 작품도 있었어요. 스포츠물
이나 게임은 제가 잘 모르기도 하고요. 세대 차이도 무시할 수
는 없었죠.

이 활동을 하면서 고민했던 점은 학생들이 자신의 나이에

맞지 않는 작품을 정하면 어떻게 해야 하나 하는 것이었습니다. 그래서 활동을 시작하면서 한 가지를 단서로 달았죠. '자신의 나이에 맞게 시청 가능하며, 동생이나 친구에게 권할 만한 작품'이어야 한다는 것이었습니다. 그러니까 중학교 2학년 학생들이 발표할 수 있는 것은 전체 관람가와 12세 이상 관람가인 작품이었죠.

15세 이상 관람가인 작품을 꼭 발표하고 싶다면, 국어 선생님과 사전 협의를 거쳐야(선생님을 논리적으로 설득해야) 한다고 강조했습니다. 예를 들면 정희가 발표한 드라마 〈구미호뎐 1938〉은 15세 이상 관람가였는데, 협의를 통해 드라마에 나오는 설화를 중심으로 발표하도록 했습니다. 두 개 학기 동안, 이 활동을 운영하면서 두세 작품 말고는 작품 선정 문제로 곤란한 적은 없었습니다.

오히려 학생들의 발표를 들으며 제가 그 웹툰, 그 드라마, 그 노래에 빠져든 적이 많았어요. 이 활동을 하는 동안에는 저도 학생들과 마찬가지로 영화, 드라마, 웹툰, 애니메이션 등 다양한 콘텐츠를 좋아하는 한 명의 청중이었습니다.

교사가 가르칠 수 있는 것들

렌 마스터먼은 미디어 교육의 목적이 "수동적 소비에서 비판적이고 의도적인 미디어 사용으로의 전환을 촉진하는 데 있다"라고 강조하면서, 미디어 교육은 "사회적 맥락을 읽는 방식이어야 하며, 미디어가 특정 권력 구조를 반영하고 있음을 이해하는 것이 중요하다"라고 했습니다.[6] 이러한 논의를 바탕으로, 데이비드 버킹엄은 매체 문해력 교육의 범주를 재현, 미디어 언어, 제작, 수용자로 제시했습니다.[7] 이 개념들은 매체가 사회와 상호 작용하며 의미를 창출하는 방식을 이해하고 분석할 수 있는 기본 틀을 제공합니다.

#재현: 콘텐츠는 현실의 거울일까, 왜곡된 창일까

그림 하나를 떠올려보죠. 벨기에의 초현실주의 화가인 르네 마그리트의 작품 중에 〈이미지의 배반La Trahison des Images〉(1929)이 있습니다. 캔버스에는 담배 파이프가 한가득 그려져 있고, 그 아래에는 "Ceci n'est pas une pipe"라는 글

귀가 적혀 있죠. "이것은 파이프가 아니다"라는 뜻입니다. 무슨 의미일까요?

캔버스에 있는 것은 파이프를 그린 그림이지, 파이프 그 자체는 아니라는 의미입니다. 대상을 아무리 사실적으로 표현했다고 해도 대상을 이미지로 옮긴 것일 뿐 대상의 실체는 아니란 거죠. 사진과 같은 이미지는 물론 신문, 광고, 영화, 드라마, 웹툰, 웹소설 등 온갖 매체 자료가 우리가 살아가는 현실을 보여주고 있지만, 매체 자료 속 세상이 현실 그 자체는 아닙니다. 매체 자료가 보여주는 세상은 의도를 갖고 편집된 것이죠. 그래서 우리는 매체 자료를 비판적으로 읽어야 합니다. 이와 관련한 개념이 바로 '재현再現, representation'입니다.

재현은 매체가 현실을 어떻게 특정한 시각으로 묘사하고 왜곡할 수 있는지에 관한 개념입니다. 눈앞에 존재하지 않거나 실물이 아니어서 스스로 표현되지 못하는 것을 대신 표현하거나 묘사하는 것을 의미하죠.

매체는 실제 세계를 그대로 보여주는 것이 아니라, 재구성해서 전달합니다.[8] 매체 자료는 특정한 기술을 통해 생산자의 의도가 투영된 형식으로 표현된 현실이고요. 매체는 사람들의 생각과 행동, 정체성 구성 등에 영향을 미치기 때문에, 콘텐츠에 반영된 제작자나 기관의 의도를 이용자가 자연스럽게 수용하는 경우가 많습니다. 특히 아동과 청소년의 가치관 형성에 큰 영향을 미치는 매체 자료에 편견과 고정 관념이 담기는 경우가 많아서 이 점에 대해서도 분석해볼 필요가 있습니다.[9] 아동을 위한 애니메이션이나 유튜브 채널, 상품 광고 등 다양한 자료가 비판적인 분석의 대상이 될 수 있습니다.

미디어 기관이나 시민 단체, 비평지 등에서는 대중 매체를 비판적으로 분석한 결과를 공유하기도 합니다. 예컨대 영화진흥위원회에서 펴낸 현안 보고서인 〈2024년 한국영화 성인지 결산〉을 살펴보면, 2024년 흥행 순위 30위 안에 포함된 한국영화에서 주·조연을 맡은 여성 캐릭터의 빈도와 비율이 2017년 이후 가장 높았다고 합니다. 이러한 분석은 "영화에 이름을 가진 여성 인물이 최소 두 명 등장하는가?" "그들이 서로 대화를 나누는가?" "그 대화의 주제는 남성에 관한 이야기 이외의 것인가?"와 같은 기준을 충족했는지를 평가하는 벡델 테스트 Bechdel test에 따른 것입니다. 하지만 여성 캐릭터의 복합성을 점검하는 스테레오 타입 테스트에서는 12편이 정형화된 여성 캐릭터를 그린 것으로 나타났습니다. 여성 캐릭터를 다소 평면적으로 재현했다고 볼 수 있죠. 이 보고서는 조사에 활용된 성별 범주에 대해 "이분법적 범주에 포함되지 않는 성의 범주에 관해서는 추후 연구를 통해 개선되어야 한다"라고 덧붙이

기도 했어요.[10]

　재현은 기존 문화적 코드에 의해 구축되는 정치적인 것으로 간주되기에 이미지, 문학, 예술 등이 담론 구조와 권력 내에서 어떻게 코드화되어 있는지를 비판적으로 바라볼 필요가 있습니다. 그래서 매체 자료 속 다양한 묘사가 실제 현실과 어떤 차이가 있는지를 학생들이 비판적으로 바라보도록 하려면 재현에 대해 가르쳐야 하죠. 정보 텍스트의 경우 권위, 신뢰성, 편견에 대한 의문을 제기하고, 누구의 목소리가 들리고 누구의 관점이 대표되는지 혹은 그렇지 않은지를 살펴봐야 합니다.

#미디어 언어: 이미지와 사운드는 어떻게 말할까

　미디어 언어media language는 이미지, 사운드, 텍스트 등 다양한 상징체계를 통해 의미를 전달합니다. 다양한 의사소통 방식의 문법뿐 아니라 특정 장르의 코드와 관심에 대한 인식까지 이해해야 하죠. 이런 상징체계는 미디어가 사용하는 특정한 언어적 규약으로, 매체가 어떤 방식으로 수용자에게 의미를 전달하고 특정한 반응을 유도하는지를 파악할 수 있게 해줍니다.

특히 영상은 시각적 요소와 청각적 요소가 복합적으로 어우러져 의미를 형성하며, 이런 요소들은 언어와 유사하게 문법적 체계와 규칙을 바탕으로 조직됩니다.

영상을 만들 때 우리가 생각해야 할 것은 어떤 장면을, 어떤 방식으로 담을까입니다. 영상을 분석할 때도 화면에 무엇이, 어떤 방식으로 담겨 있는지를 살피게 됩니다. 카메라가 얼마나 가까이 다가가는지는 장면의 느낌을 좌우하는 중요한 요소입니다. 인물의 얼굴만 꽉 차게 담긴 장면은 눈빛, 표정, 작은 움직임까지 고스란히 전달해 감정에 집중하게 만들죠. 그래서 드라마에서 인물이 눈물을 흘리거나 결심하는 장면을 연출할 때는 얼굴을 가까이 잡는 경우가 많습니다.

반대로 인물과 배경을 함께 보여주는 장면은 그 사람이 처한 공간이나 상황까지 함께 전달합니다. 예를 들어 운동장에 홀로 서 있는 학생을 멀리서 찍는다면, 그 외로움이나 고립감이 더 뚜렷하게 느껴질 수 있어요. 인물의 감정보다 그를 둘러싼 상황을 강조할 때 효과적인 방법이죠.

또 어떤 장면에서는 인물의 전신을 담되, 주변 배경도 함께 보여줘서 인물의 행동이나 동선을 살피게 만들기도 합니다. 예를 들어 누가 복도를 빠르게 걷는 장면을 찍으면, 걸어가는 모습뿐 아니라 주변 환경, 방향, 속도까지 자연스럽게 전달되기 때문에 극의 흐름이 살아납니다.

이처럼 장면에서 뭘 강조하고 싶은지에 따라 카메라가 얼마나 가깝게, 또는 멀리서 대상을 바라볼지 결정합니다. 교실에서 학생들과 함께 영상을 분석하거나 제작할 때 "왜 이 장면은 이렇게 찍었을까?"라는 질문을 던지면, 시청자의 감정과 시선을 조율하는 영상 언어의 힘을 더 생생하게 이해시킬 수 있을 것입니다.

카메라 각도에 따른 의미 차이를 설명할 때는 "다리가 길~어 보이는 학생복"이라는 문구로 유명한 교복 광고나 셀카를 찍을 때의 카메라 각도가 어떤지를 예로 들곤 했습니다. 위에서 내려다보는 시선은 대상을 작고 약하게 보이게 합니다. 같은 눈높이에서 바라보는 시선은 대상을 자연스럽고 중립적으로 보여주죠. 아래에서 올려다보는 시선은 대상을 더 크고 강하게 보이게 하고요. 이 외에도 카메라를 수직 또는 수평으로 이동시키거나, 바퀴 달린 촬영대에 얹어 피사체 주변을 360도로 도는 것과 같은 카메라 이동 방식도 장면의 느낌에 영향을 미칩니다.

이런 선택은 단순한 촬영 기술이 아니라, 의미를 전달하는 언어적 전략이라고 볼 수 있습니다. 교실에서 학생들과 영상 문해력을 다룰 때 이런 방식으로 숏을 구성하는 이유와 효과를 함께 살펴본다면 기술을 이해시키는 것에서 그치지 않고, 창의적 표현과 비판적 해석의 토대를 만들어줄 수 있습니다.

시각적 요소와 함께 효과음, 배경 음악, 대사 등 청각적 요소도 영상의 의미 형성에 중요한 역할을 합니다. 발소리, 물건이 부딪히는 소리 등은 전개되는 사건의 분위기나 인물의 심리, 상징적 의미를 효과적으로 전달합니다. 배경 음악은 정서적 몰입을 극대화하며, 특정 장면의 긴장감이나 감동을 고조시키죠. 배우의 대사는 억양이나 특정 단어를 강조하는 방식 등을 통해 인물의 감정과 메시지를 구체적으로 전달합니다. 이 외에도 배경 소리ambient sound나, 장면이 전환되기 전에 다음 장면의 오디오를 이르게 재생하는 사운드 브리지sound bridge 등은 장면과 장면을 자연스럽게 연결합니다.

#제작: 메시지는 어떤 의도로, 어떻게 만들어질까

제작production은 미디어 콘텐츠가 누구를 대상으로, 어떤 의도와 과정을 거쳐 만들어지는지를 이해하고, 실제로 콘텐츠를 기획하고 제작하는 활동을 말합니다. 학생들은 미디어가 전달하는 메시지가 정보를 그대로 담은 것이 아니라 특정한 목적과 이해관계에 따라 기획·편집·구성되는 사회적 산물임을 인식해야 합니다. 이를 위해 촬영, 편집, 내러티브 구조, 자본과 권력의 개입, 플랫폼 작동 방식 등 다양한 요소를 분석해볼 수 있습니다.

이런 제작 활동이 확장된 형태로, 대안적 미디어 제작alternative media production이 있습니다.[11] 이는 주류 미디어에서 소외되거나 주변화된 목소리, 관점을 학습자가 직접 콘텐츠로 구성하는 실천적 활동입니다. 단순히 미디어를 비판적으로 해석하는 것을 넘어서서, 학생 스스로 새로운 시선으로 메시지를 기획하고 창작함으로써 주류 담론에 도전하는 과정이기도 합니다. 대안적 미디어 제작에서는 학습자가 주목하는 사회적, 정치적, 문화적 이슈를 중심으로 콘텐츠를 기획합니다. 이를 위해 주류 미디어와 대안 미디어의 보도 내용을 비교하거나 독립 언론, 다큐멘터리, NGO 자료 등을 분석하는 탐구 과정을 수행합니다. 이때 목표 수용자를 정의하고, 그들의 관심사와 요구를 분석하며, 이를 반영한 메시지를 설계합니다. 수용자의 공감을 얻을 수 있는 방식으로 콘텐츠 형식(예: 영상, 카드뉴스, 팟캐스트, 블로그 등)을 결정하고, 적합한 표현 전략을 통해 메시지를 구체화합니다. 제작된 콘텐츠는 독립적인 채널(학교 게시판, 유튜브, 커뮤니티, SNS 등)을 통해 공유되며, 수용자나 동료에게 피드백을 받아 수정·보완합니다. 이후 제작 과정 전반을 평가하고 자신이 표현한 결과물의 사회적·비판적 의미를 성찰합니다.

#수용자: 누구를 위한 메시지이고, 어떻게 읽힐까

수용자audience란 콘텐츠를 소비하고 해석하는 개인 또는 집단을 의미합니다. 매체의 형식과 이용 방식에 따라 독자, 청취자, 시청자, 관객, 구독자 등으로 불리기도 하죠. 이들은 텔레비전, 영화, 뉴스, 소셜 미디어 등 다양한 미디어를 통해 전달되는 정보나 메시지를 이용하고, 그에 대한 반응을 보입니다.

이때 수용자는 매체가 전달하는 의미를 수동적으로 받아들이기만 하는 존재가 아닙니다. 각자의 경험과 사회·문화적 배경, 가치관을 바탕으로 메시지를 능동적으로 해석하고 재구성하는 주체죠. 그래서 미디어 교육에서는 수용자가 메시지를 어떤 시각과 맥락에서 해석하는지, 그리고 그 과정에서 자신을 어떻게 인식하고 자신과 어떤 관계를 맺는지 이해하는 것이 중요합니다.

디지털 기술의 발달로 미디어 환경의 상호 작용성이 강해지면서 수용자의 역할은 한층 확장되었습니다. 앨빈 토플러가 《제3의 물결》에서 제시한 '생비자生費者, prosumer'[12] 개념으로 이를 설명할 수 있습니다. 오늘날의 수용자는 콘텐츠를 소비하는 동시에 댓글, 공유, 리믹스, 재생산을 통해 미디어 생태계에 적극적으로 참여합니다. 현대의 수용자는 일방적인 '독자나 청중audience'이라기보다 스스로 의미를 만들고 확산시키는 '이용자user'로서 존재하는 것입니다.

이와 같은 매체 문해력 교육의 이론적 범주는 2022 개정 국어과 교육과정의 성취기준에도 잘 반영되어 있습니다. 다음 절에서는 교육과정 속에 구현된 매체 영역의 핵심 아이디어와 내용을 범주별로 살펴보겠습니다.

매체 영역에서 다루는 핵심 내용 요소

아이들은 무엇을 보고 있는가, 교사는 무엇을 가르칠 것인가

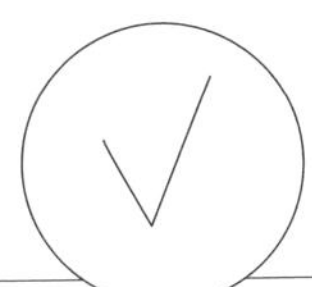

매체 영역의 성취기준을 개발할 때는 우선 매체 자료의 비판적 수용과 매체를 통한 사회적 소통 참여를 중요한 학습 요소로 선정했습니다. 그리고 교과 학습의 연장선상에서 검색하기, 매체 자료 제작하기 등 디지털 매체 환경에서 강조되는 요소들과 다양한 형태의 복합양식 텍스트를 수용하고 제작하는 능력도 중요하게 고려했습니다. 아울러 바람직한 매체 이용 태도에 관한 성취기준을 여러 학년군에 걸쳐 배치하고, 다양한 형태의 복합양식 텍스트를 수용하고 제작하는 능력에 관한 성취기준도 개발했죠.[13] 그러면 2022 개정 국어과 교육과정 매체 영역의 핵심 아이디어와 연계해 각 범주의 내용 요소를 살펴보겠습니다.[14]

각 영역의 핵심 아이디어는 학생이 해당 영역을 학습하며 이해해야 하는 핵심 내용을 말합니다. 매체 영역의 첫 번째 핵심 아이디어는 매체의 개념과 매체가 우리 삶에 미치는 영향을 설명하고 있어요. 매체란 '소통을 매개하는 도구, 기술, 환경'이고, 새로운 매체가 등장할 때마다 그 시대의 사회적 소통이 어떤 방식으로 이뤄지는지, 매체를 통한 소통이 사람들의 상호 관계 형성과 사회 참여, 문화 향유 등에 어떤 방식으로 영향을 미치는지를 이해할 수 있어야 한다는 내용입니다.

여러분도 몇 개의 SNS를 이용하고, 또 여러 채팅방에 참여하고 계실 것입니다. 그러나 모든 채팅방에서 같은 방식으로 소통하지는 않으실 거예요. SNS에서의 대화도 대화 참여자 간의 관계, 메시지가 오가는 시간은 대면 소통과 유사합니다. 어떤 채팅방에서는 친근한 용어나 이모티콘을 쓰는 한편 어떤 채팅방에서는 격식 있는 표현을 쓰기도 하겠죠. 여러 사람이 있는 채팅방에서 의사 결정을 할 때 각자가 다양하게 메시지를 내기도 하지만, '좋아요'를 클릭하거나 투표 기능을 사용할 수도 있을 것입니다. 어떤 메시지가 왔을 때 반가운 마음에

핵심 아이디어	• 매체는 소통을 매개하는 도구, 기술, 환경으로 당대 사회의 소통 방식과 소통 문화에 영향을 미친다.			
범주	내용 요소			
		초등학교 5~6학년	중학교 1~3학년	《공통국어1·2》
지식·이해	매체 소통 맥락	• 상황 맥락 • 사회·문화적 맥락		• 사회·문화적 맥락 • 다양한 유형의 매체 자료 • 소통 문화 • 매체 비평 자료
	매체 자료 유형	• 뉴스 및 각종 정보 매체 자료	• 대중매체와 개인 인터넷 방송 • 광고, 홍보물	

첫 번째 핵심 아이디어와 지식·이해 범주

바로 답문을 보낼 수도 있지만, 곤란한 물음에는 충분한 시간을 두고 답문을 보내 자신의 마음을 간접적으로 드러낼 수도 있죠.

플랫폼의 특성 또한 소통에 영향을 미칩니다. 텍스트가 중심인지, 이미지가 중심인지, 네트워킹이 중심인지, 메시지의 길이가 짧은지, 어떤 부가 기능이 있는지 등에 따라 달라지는 양상을 살펴볼 수 있죠. 광고, 영화, 뉴스와 같은 매체 자료를 두고도 송신자, 수신자, 메시지, 시간과 공간 등 상황 맥락을 중심으로 의미 구성 과정을 분석해볼 수 있습니다. 의미 구성에 직간접적으로 작용하는 사회·문화적 맥락을 분석할 수도 있고요.

매체 자료 유형으로는 해당 학년군에서 집중적으로 다뤄야 할 것들이 제시되었습니다. 중학교 1~3학년군 지식·이해 범주의 내용 요소는 "대중매체와 개인 인터넷 방송"[15]인데요, 과정·기능 범주의 "매체의 특성과 영향력 비교하기"를 연계해 [9국06-01]이 제시되었습니다. 이 성취기준은 2015 개정 교육과정 중 중학교 1학년 사회과에도 포함되었던 내용입니다. 신문, 지상파 방송, 텔레비전 등 한때 널리 쓰이던 매체를 레거시 미디어legacy media라고도 부르죠. 과거에는 레거시 미디어의 사회적 영향력이 강했지만, 인터넷 기반 매체가 확산되면서 그 힘이 약해졌습니다. 대중 매체와 개인 인터넷 방송은 전문성, 상호 작용성, 신속성, 책무성, 역할 분담, 수익 창출 방식 등의 측면에서 비교해볼 수 있습니다. 2022 개정 교육과정 중 사회과 교육 내용과도 관련이 있어 보입니다. 이를 바탕으로 매체 문해력 교육을 위한 교과 간 통합 교육과정을 운영할 수도 있을 것입니다.

고등학교의 내용 요소로는 "다양한 유형의 매체 자료"와 "매체 비평 자료"가 제시되었습니다. 이전 학습을 바탕으로

매체 영역 성취기준	관련된 기존 성취기준	타 교과 성취기준
[9국06-01] 대중 매체와 개인 인터넷 방송의 특성과 영향력을 비교한다.	**[9사(일사)02-03]** 대중 매체와 대중문화의 의미와 특징을 이해하고, 대중문화를 비판적으로 평가하는 태도를 가진다.	**[9사(일사)02-02]** 우리 주변에서 활용되는 미디어들을 탐색하고, 미디어를 통해 경험하는 다양한 문화와 정보들을 비판적으로 점검한다.

[9국06-01] 및 관련 성취기준 비교

특정 매체 유형만이 아니라 다양한 매체 유형을 학습하도록 하고, 학생 수준을 고려해 비교적 난도가 높은 텍스트인 "매체 비평 자료"가 더해졌습니다.

물론 이전 학년군에 제시된 매체 자료 유형을 수업에서 다뤄도 무방해요. 초등학교 5~6학년군에는 "뉴스 및 각종 정보 매체 자료"가 있습니다. 특히 디지털 공간에서 왜곡된 정보나 허위 정보와 관련한 문제가 심각해지고 있다는 점을 고려하면, 초등학생 때부터 뉴스를 읽는 습관을 기르는 한편 각종 정보에 비판적으로 접근할 필요가 있기 때문에 뉴스를 초등학교의 내용 요소로 제시하는 것은 중요한 의미가 있죠.

들기·말하기, 쓰기, 읽기 영역에서 두 번째 핵심 아이디어의 주어는 각각 '화자와 청자' '필자' '독자'입니다. 그런데 매체 영역의 두 번째 핵심 아이디어는 '매체 이용자'로 시작합니다. 매체 이용자로서 매체 자료를 수용하고 생산하는 활동이 자신의 정체성을 형성하고, 나아가 시민으로서 사회적 의미 소통에도 참여하는 것이라는 점을 학생들이 이해해야 한다는 뜻이죠. 수용자나 제작자가 아닌 매체 이용자인 이유는 디지털 환경에서 매체 이용자가 정보나 콘텐츠를 수용하거나 생산하는 하나의 역할에만 고정되는 것이 아니라 수용하는 동시에 생산하기도 하고, 또 공유하고 유통하기 때문입니다.

청소년은 매체로 또래 문화를 형성하고 사회적 소통에 참여하면서 자신과 사회를 인식합니다. 그래서 어떤 방식으로 매체를 통한 소통이 이뤄지는지를 이해하는 것은 정체성을 형성하고, 사회적인 의미를 구성하면서 지식을 쌓아나가는 기반이 됩니다.

두 번째 핵심 아이디어는 과정·기능 범주와 관련이 있습니다. 이 범주는 네 가지 하위 범주로 나뉩니다. 이 범주명들은

핵심 아이디어	• 매체 이용자는 매체 자료의 주체적인 수용과 생산을 통해 정체성을 형성하고 사회적 의미 구성 과정에 관여한다.		
범주	내용 요소		
	초등학교 5~6학년	중학교 1~3학년	《공통국어1·2》
과정·기능 접근과 선택	• 목적에 맞는 정보 검색하기		
해석과 평가	• 매체 자료의 신뢰성 평가하기	• 매체의 특성과 영향력 비교하기 • 매체 자료의 재현 방식 분석하기 • 매체 자료의 공정성 평가하기	• 매체 자료 비판적으로 분석하기 • 소통 맥락과 매체 특성을 고려하여 매체 자료 제작하기 • 다양한 매체 자료 비평하기 • 매체 소통 문화 탐구하기
제작과 공유	• 복합양식 매체 자료 제작·공유하기	• 영상 매체 자료 제작·공유하기	
점검과 조정	• 매체 이용 양상 점검하기	• 상호 작용적 매체를 통한 소통 점검하기	

두 번째 핵심 아이디어와 과정·기능 범주

미디어 교육 분야에서 정의하는 미디어 리터러시의 개념에도 포함되어 있습니다.[16] 접근과 선택 범주는 정보 문해력과 관련이 있는데, 중학교에는 이 범주의 내용 요소가 제시되지 않았습니다. 중학교 때는 접근과 선택 범주가 필요 없다는 의미가 아니라, 이 범주의 기능이 초등학교 때 모두 익혀야 하는 기본적인 것이고, 중학교 학습을 위한 토대가 되기도 한다는 의미로 해석할 수 있어요.

해석과 평가 범주는 매체 문해력, 비판적 문해력과 관련이 있습니다. 그래서 내용 요소로 "매체 자료의 신뢰성 평가하기" "매체 자료의 재현 방식 분석하기" "매체 자료의 공정성 평가하기" 등 매체 자료를 비판적으로 수용하기 위한 것들이 제시되었죠. 성취기준 [9국06-05]는 사회과 성취기준과 연계해볼 수도 있습니다. [9사(일사)01-01] 해설에는 "(중략) 다른 사람들이나 미디어 속 콘텐츠 등이 자신의 정체성에 어떤 영향을 주었는지에 대해 반성적으로 인식한다"라는 설명이 있습니다. 이 내용과 관련지어보면, 중학교 수업에서 미디어의 재현이 개인의 정체성 형성에 미치는 영향을 깊이 탐구하는 활동도 구안해볼 수 있습니다.

성취기준 [9국06-06]은 사회·문화적 맥락을 바탕으로 매체 자료의 사회적 영향력까지 종합적으로 판단하도록 하는 활동이라고 할 수 있습니다. 국어과 교육과정에서는 텍스트를 비판적으로 읽기 위한 기준으로 타당성, 신뢰성, 공정성을 제

매체 영역 성취기준	관련된 기존 성취기준	타 교과 성취기준
[9국06-05] 매체 자료의 재현 방식을 이해하고 광고나 홍보물을 분석한다.	**2009 듣기·말하기 (4)** 담화에 나타난 설득의 전략을 파악하고 평가한다.	**[9사(일사)01-01]** 사회화의 의미를 일상생활의 사례를 들어 설명하고, 사회화 과정에서 형성되는 자아 정체성에 대해 성찰한다.
[9국06-06] 사회·문화적 맥락을 고려하여 매체 자료의 공정성을 평가한다.	**2015 [9국02-07]** 매체에 드러난 다양한 표현 방법과 의도를 평가하며 읽는다.	**[9사(일사)02-02]** 우리 주변에서 활용되는 미디어들을 탐색하고, 미디어를 통해 경험하는 다양한 문화와 정보들을 비판적으로 검토한다.
[9국06-03] 복합양식성을 고려하여 영상 매체 자료를 제작하고 공유한다.	**2015 [9국03-08]** 영상이나 인터넷 등의 매체 특성을 고려하여 생각이나 느낌, 경험을 표현한다.	**[9미02-03]** 조형 요소와 원리, 표현 재료와 방법, 디지털 매체를 포함한 다양한 매체를 활용하여 주제를 효과적으로 표현할 수 있다.
[9국06-02] 소통 맥락과 수용자 참여 양상을 고려하여 상호 작용적 매체를 분석한다.	**2009 쓰기 (9)** 매체의 특성이 쓰기의 내용과 형식에 미치는 영향을 고려하여 글을 효과적으로 쓴다.	

중학교 매체 영역 성취기준(일부)

시하고 있는데, 매체 자료를 비판적으로 분석할 때도 이러한 기준을 적용할 수 있어요. 타당성은 읽기 영역에서 언급했기 때문에 매체 영역의 내용 체계표에서는 신뢰성, 공정성만 제시되어 있습니다.

제작과 공유 범주와 관련해서 초등학교 5~6학년군에는 "복합양식 매체 자료 제작·공유하기"가 내용 요소로 제시되었습니다. 이미지가 포함된 글, 카드뉴스, 발표 자료, 동영상 등을 제작하고 공유해 그 효과를 점검하기 위한 활동으로 구현할 수 있을 것입니다. 중학교에는 "영상 매체 자료 제작·공유하기"로 매체 유형이 구체적으로 제시되었죠.

점검과 조정 범주는 자기주도적인 매체 이용과 관련이 있습니다. 초등학교 5~6학년군에서는 자신의 매체 이용 양상을 돌아보도록 하고, 중학교에서는 특히 상호 작용적 매체에 초점을 맞춰 소통 양상이 어떤지 점검하는 내용으로 구체화됩니다.

책임 있게 소통하는 시민의 태도

세 번째 핵심 아이디어는 매체 소통에 책임 있게 참여하고, 건강한 소통 공동체에 기여하는 시민으로서의 태도를

핵심 아이디어	• 매체 이용자는 매체 및 매체 소통의 영향력에 대한 이해와 자신과 타인의 권리를 지키기 위한 적극적인 노력을 통해 건강한 소통 공동체를 형성한다.		
범주	내용 요소		
	초등학교 5~6학년	중학교 1~3학년	《공통국어1·2》
가치·태도	• 매체 소통에 대한 성찰	• 매체 소통의 권리와 책임	• 참여 • 주체적 수용과 생활화

세 번째 핵심 아이디어와 가치·태도 범주

의미합니다.

중학교 성취기준 [9국06-06]은 지식·이해 범주의 상황 맥락, 과정·기능 범주의 매체 자료 제작과 관련이 있습니다. 매체를 이용한 의사소통을 하기 위해 알아둬야 할 권리와 책임을 이해하고, 이를 바탕으로 매체 자료 제작 과정을 성찰하게 하려는 의도입니다. "매체 소통의 권리와 책임"에서는 초상권, 저작권, 개인 정보 등 매체 소통과 관련한 규범에 대한 이해는 물론 사생활 보호 및 잊힐 권리 등의 문제도 다뤄볼 수 있습니다. 타인을 존중하고 배려하며 책임감 있게 소통하는 태도 외에도 댓글이나 감정 표시 등 수용자의 반응을 통해 자신이 제

매체 영역 성취기준	관련된 기존 성취기준	타 교과 성취기준
[9국06-04] 매체 소통에서의 권리와 책임을 이해하고, 수용자의 반응을 고려하며 매체 자료의 제작 과정을 성찰한다.	**2015 [9국03-01]** 쓰기는 주제, 목적, 독자, 매체 등을 고려한 문제 해결 과정임을 이해하고 글을 쓴다. **2009 쓰기 (10)** 쓰기 윤리의 중요성을 인식하고 책임감 있는 태도로 글을 쓴다.	**[9정05-02]** 디지털 사회의 구성원으로서 편리하고 안전한 생활을 위한 규칙에 대해 민주적으로 논의하고 실천 방안을 수립한다. **[9정05-03]** 사례를 중심으로 디지털 공간에서 함께 살아가기 위해 개인 정보 및 권리와 저작권을 보호하는 실천 방법을 탐구한다.

[9국06-04] 및 관련 성취기준 비교

작·공유한 매체 자료가 타인의 삶과 정체성, 우리 사회에 어떤 영향을 미칠 수 있는지를 성찰해보도록 이끄는 것입니다.[17]

고등학교에서는 매체 소통을 통한 사회 "참여"와 "주체적 수용과 생활화"가 내용 요소로 제시되었습니다. 여러 사회문제에 대한 구성원의 의견을 모으고, 협의하는 과정에는 많은 시간과 비용이 듭니다. 그런데 인터넷과 모바일 기기의 보급으로 손쉽게 현안을 파악하고 의견을 수렴하면서 협력할 수 있게 되었죠. 디지털 기술은 사람들이 다양한 문제에 대해 다양한 방식으로 의견을 표현하면서 참여할 수 있는 환경을 만들어줬고, 이것이 사람들의 활발한 사회 참여를 촉진하는 동력이 되었습니다. 이 점을 고려한 교육 내용입니다.

미디어 교육에서의 '태도'는 의견을 드러내는 행위부터 타인의 의견과 생각을 존중하고 배려하는 자세, 공공의 이슈에 대한 의견 표현, 타인과의 소통과 관계 형성 등 시민성을 기르기 위한 요소들로 구성되어야 합니다.[18]

02

매체 문해력 수업을 위한 아이디어

아이들은 무엇을 보고 있는가, 교사는 무엇을 가르칠 것인가

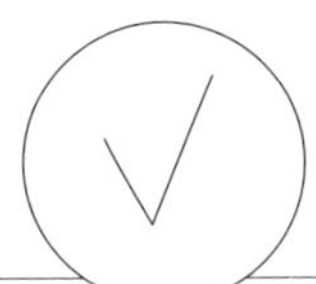

매체 영역의 다양한 내용 요소를 살펴봤습니다. 교실에서는 이 요소들을 개별적으로만 다루지는 않죠. 토론 자료를 수집하면서 정보가 믿을 만한지 판단하거나, 매체 자료에 대한 비평문을 쓸 때 그 매체 자료가 어떤 사회·문화적 맥락에서 생산되고 현실을 어떻게 재현하는지 분석하는 과정이 자연스럽게 어우러집니다. 뉴스를 만들어보면서 우리 사회에서 언론이 어떤 기능과 역할을 하는지를 이해하고 시민으로서 어떤 태도를 갖춰야 할지를 생각해볼 수도 있고요.

이 장에서는 매체 문해력 교육의 내용과 수업 사례를 소개합니다. 이 장의 내용을 통해 매체 문해력 수업과 학생들의 삶이 어떻게 연결되는지를 이해하고, 여러분만의 빛깔이 있는 수업을 위한 아이디어도 얻으시기를 바랍니다.

생성형 인공지능과
공신력 없는 자료에 의지할 때

먼저 정보 검색 도구의 특성을 이해하고, 적절한 정보 검색 전략을 수집해 목적에 맞는 정보를 탐색하는 활동을 생각해볼 수 있습니다. 원하는 정보를 얻으려면 어떤 플랫폼을 이용할지 정한 다음 적절한 검색어를 활용해야겠죠. 그런데 저학년의 경우, 포털 사이트에서 필요한 정보를 얻기 위해 문장을 한꺼번에 입력하거나 추상적인 검색어를 사용하기도 해요.

예를 들어 저는 토론에 활용할 논제나 근거를 탐색하기 위해 자료를 검색하도록 하는데, 학생들은 선생님에게 질문할 법한 문장이나 머릿속에 떠오르는 문장을 입력하곤 하죠. 물론 최근엔 포털 사이트에 인공지능이 도입되어 대충 써서 입력해도 그럴듯한 답이 출력되지만, 그 답은 항상 맞지는 않고 맥락에 어긋날 때가 있습니다. 그래서 저는 키워드를 중심으로 입력하고 검색 요건을 설정하도록 안내했어요. 논제의 쟁점을 정하거나 근거를 탐색하기 위해 인공지능 도구를 활용하는 학생도 많은데, 이때도 제대로 이용할 수 있도록 교사가 지도해야 합니다.

요즘은 생성형 인공지능이 자료의 출처를 알려주기도 하

죠. 그런데 그중에 내용이 중복된 자료나 블로그가 들어갈 때가 있어요. 포털이나 생성형 인공지능이 안내한 블로그 내 자료를 활용하려는 학생에게는 "출처를 어떻게 작성할 수 있을까?" 하고 반문합니다. 사전에 '작성자(언론사), 날짜, 제목'을 포함해 출처를 기록하도록 했기 때문에 작성자, 날짜를 기록할 수 없는 자료를 발견한 학생은 그 자료를 써도 될지 고민하게 됐어요. 블로그의 경우, 운영 주체가 공공 기관이거나 해당 분야 전문가라면 활용하도록 했습니다.

이런 경우도 있었어요. '동성 결혼을 합법화해야 한다'라는 논제로 토론을 준비한 학생이 근거 자료에 "헌법 제11조 제1항에 따르면"으로 시작하는 문구를 적었더라고요. 쉽지 않은 내용을 어떻게 찾았는지 궁금해서 출처를 물었더니 "나무위키"라고 답하더군요. 그래서 국가법령정보센터 사이트(www.law.go.kr)에 들어가서 헌법 전문을 찾아 제11조 제1항을 짚어 보도록 했습니다. 전에는 나무위키나 개인 블로그 자료는 지양하도록 했죠. 그런데 이런 사이트 중에도 출처가 명확하거나 꽤 명료하게 정리된 자료가 있다 보니, 지금은 출처를 타고 가서 원본을 확인하거나 다른 사이트를 이용해 교차 검증할 것을 강조하고 있어요.

포털 사이트로 검색하면 공신력이 확보되지 않는 인터넷

언론사의 기사가 노출되는 경우가 많아요. 또 개인 블로그나 나무위키 등에는 부적절한 문구나 이미지, 광고가 화면에 뜨기도 해서 수업 시간에 민망한 상황이 벌어질 수도 있습니다. 무엇보다 일반 블로그나 생성형 인공지능이 제공하는 자료는 누가 처음 작성했는지를 확인하기 어려울 때가 종종 있어요. 자신이 해결해야 하는 과제에 대한 내용이 잘 정리된 블로그 글이나 생성형 인공지능의 답변을 보면, 그대로 수용하고 싶은 마음이 들 수도 있을 것입니다. 하지만 출처가 어디인지를 따져보는 습관을 기른다면 허위 조작 정보에 쉽게 휘둘리지 않게 되겠죠.

#수업 이야기 둘, 올바른 출처를 찾아라

세종시의 어느 고등학교에 근무하는 사서 교사에게 학습지를 하나 받은 적이 있습니다. 사서 교사는 교원 양성 과정에서 정보 문해력 관련 강좌를 이수하기도 하며, 책을 비롯해 각종 정보를 다루는 데 전문가입니다. 그래서 매체 문해력 수업과 관련해 사서 교사와 협업하는 방안을 만들어보는 것도 좋습니다. 다만 시도 교육청마다 정책에 차이가 있어, 지역에 따라 사서 및 사서 교사의 배치 정도가 다릅니다. 어느 학교급에 우선 배치되는지도 다르고요. 그리고 사서와 사서 교사는 자격 요건과 담당할 수 있는 업무 범위에도 차이가 있습니다.

아무튼 그 학습지는 도서관 데이터베이스를 이용해 정보를 찾는 내용이었는데, 신선하기도 하고 살면서 꼭 필요한 기능을 중심으로 소개돼 있어 무척 인상적이었습니다. 그 학습지를 참고해 저도 정보 검색을 위한 활동을 구상해봤습니다. 그리고 대학교 1학년 대상 교양 강좌에서 구글 설문 기능을 활용해 정보 검색 활동을 해봤는데, 서로 의논하며 대체로 답을 잘 찾더군요. 포털 사이트에서 검색해도 답이 잘 나오지 않자, 해당 기관 홈페이지에 접근해 답을 찾기도 했죠. 검색 시기에 따라 답이 달라지는 물음도 있다 보니, 최신 정보를 찾아야 한다고 안내하기도 했습니다.

이 활동을 다듬어 다음의 중학생용 학습지를 만들어봤습니다.[19] 우선 학생의 삶과 관련성이 높은 정보를 추렸어요. 그리고 학생들이 원래 출처에 접근하는 경험을 해볼 수 있도록 학교 도서관에 비치된 도서를 찾거나 자신이 거주하는 지역의 공공 기관 누리집에서 정보를 탐색하는 활동으로 구성했습니다.

○ 우리 학교 도서관에서 다음 자료를 찾아보자(제목, 청구 기호).
  (1) 시인 김수영의 작품이 실린 책
  (2) 직업인으로서 힙합 가수의 삶에 대한 정보를 주는 책

○ 포털이나 공공 기관 사이트 등을 활용해 다음 물음에 답해보자.
  (3) 국립한글박물관은 한글과 한글문화 관련 자료를 전문적으로 수집해 제공하는 한글도서관을 운영하고 있다. 한글도서관의 개관일은 언제일까?

개관일	
검색어/검색 방법	

  (4) 한국방송광고진흥공사는 매년 대한민국 공익광고제를 열어 다양한 사회문제를 제시하고 그 해결 방안을 모색하고 있다. 2021 대한민국 공익광고제 청소년부에서 금상을 수상한 작품의 제목은 무엇일까?

제목		
탐색한 사이트	검색어/ 검색 방법	

○ 다음 물음의 답을 찾고, 그 과정을 간단히 써보자.
  (5) 안심 글꼴은 한국저작권위원회와 한국문화정보원이 각 글꼴 파일의 이용 허락 조건을 미리 확인한 것으로, 저작권 확인 없이 누구나 자유롭게 사용할 수 있다. 현재 한국저작권위원회에서 내려받을 수 있는 안심 글꼴은 총 몇 개일까?

안심 글꼴 수	
검색어/검색 방법	

(6) 2000년 이후로 태풍이 가장 많이 발생한 연도는 언제며, 그해 발생한 태풍은 몇 개일까?

연도		태풍 수	
탐색한 사이트		검색어/검색 방법	

(7) 영화 〈설국열차〉에는 바퀴벌레로 만든 양갱이 등장한다. 곤충은 높은 단백질 함량, 불포화 지방산, 무기질 등 영양소가 풍부해 미래 식량으로 떠오르고 있다. 식품의약품안전처 심의 절차를 거쳐 국내에 일반 식품 원료로 등록된 식용 곤충은 몇 종일까?

식용 곤충 종수	
검색어/검색 방법	

정보 검색하기 활동의 예

물음 중에는 포털 사이트나 생성형 인공지능 플랫폼에서 답을 찾을 수 있는 것도 있기는 합니다. 다만 생성형 인공지능이 답한 내용이 맞다고 믿는 태도는 주의할 필요가 있습니다. 생성형 인공지능 플랫폼마다 응답이 다른 경우도 있고요. 그래서 같은 물음을 몇 개의 생성형 인공지능 플랫폼에 입력해 얻은 결과를 비교해보고, 어떤 정보를 선택할지 판단하는 과정을 거쳐야 합니다. 정보를 적절하게 활용하기 위해서는 정보에 접근하는 경로도 점검해야 하죠. 또 원래 출처에 있는 내용이 맞는지도 확인해야 하고요. 번거로울 수 있습니다만, 올바른 정보에 접근하는 능력은 일상생활과 직업 생활에 꼭 필요합니다.

출처를 따져보고, 좋은 정보를 수집하기 위한 방법 중 하나로 빅카인즈를 추천합니다. 저는 토론 단원을 지도할 때 학생들이 근거 자료를 탐색할 수 있도록 뉴스 빅 데이터 분석 서비스인 빅카인즈(https://bigkinds.or.kr)로 뉴스를 검색하는 방법을 알려주곤 했습니다. 핵심어를 입력해 뉴스 보도량(키워드 트렌드)이나 관련 단어(연관어 분석) 등을 추출한 다음, 자료로 활용하도록 안내했죠. 빅카인즈는 문화체육관광부 산하 공공 기관인 한국언론진흥재단에서 운영하는 사이트라 신뢰할 만하고, 광고가 따로 붙지 않습니다. 게다가 최근에 생성형 인공지능 서비스가 추가됐어요. 로그인하지 않고도 질문에 답하고 원하는 기사를 제공해주기도 하고요.

안타깝게도 교실에서 학생용 기기로 빅카인즈에 접근하려 할 때 접속이 더디거나 팝업 창이 떠서 조금 불편하기는 합니다. 키워드나 뉴스 트렌드를 분석하는 것이 중학생에게는 조금 어려워 보이기도 해요. 그래도 고등학생 이상 수준에서 이런 기능을 적극적으로 활용하도록 하면, 더욱 주도적으로 뉴스를 분석하는 경험을 제공할 수 있지 않을까 싶습니다. 이 외에 몇몇 언론사에서 제공하는 인터렉티브 뉴스를 활용하는 것도 사회문제를 깊이 있게 분석하는 좋은 방법이 될 수 있습니다.

덧붙여 '좋은' 매체 자료에 대해서도 생각해볼 필요가 있습니다. 매체 문해력 수업에서는 비판적 사고력을 강조하다 보니 문제가 있는 매체 자료를 수업 자료로 활용하기도 합니다. 우리 주변의 매체 자료를 꼼꼼하게 짚어보는 태도를 길러주려는 의도지만, 그렇다고 모든 매체 자료를 부정적으로 보는 것도 바람직하지는 않습니다. 예컨대 뉴스 중에서도 끈질긴 취재와 깊이 있는 분석이 돋보이는 보도나 '이달의 기자상'[20]을 받은 기사도 참고할 만한 사례로 수업에 활용할 수 있습니다.

콘텐츠를 '비판적으로' 보려면

"그러니까 비판적으로 보려면 '어떻게' 해야 하나요?"

매체 자료를 비판적으로, 생각하면서 봐야 한다는 것은 학생들도 알고 있습니다. 그렇지만 앞의 물음에 뭐라고 답해야 할까요? 매체 자료를 비판적으로 보는 방법은 '아는 것'이어야 할 뿐만 아니라 '할 수 있는 것'이 되어야 합니다. 매체 영역의 해석과 평가 범주를 내용 요소별로 살펴보겠습니다.

① 매체 자료의 신뢰성 평가하기

'매체 자료의 신뢰성credibility 평가하기'는 초등학교 5~6학년군의 매체 영역 내용 요소로 제시되어 있습니다. 매체 자료의 출처, 매체 자료 생산자의 특성, 정보의 정확성과 생산 시기, 정보 수집·생산, 유통 과정 등의 측면을 고려해 평가하도록 합니다. 매체 자료의 신뢰성을 판단하기 위한 물음의 예는 다음과 같습니다.

- 출처는 무엇인가?
- 생산자가 분명하게 드러나는가?
- 생산자가 해당 분야에 대한 전문성을 갖추고 있는가?
- 실제로 취재하거나 수집한 자료를 기반으로 하는가?
- 자료는 언제 생산되었는가? 그 내용은 정확한가?

정보의 신뢰성을 전문적으로 검증하고 싶다면, 캘리포니아 주립대학교 소속 메리엄 도서관에서 작성한 크랩 검증CRAAP Test을 활용할 수도 있습니다. 크랩은 최신성, 적합성, 권위, 정확성, 목적을 뜻하는 각 영문자의 첫 자를 딴 말로, 메리엄 도서관은 이 다섯 영역과 평가 기준을 세밀하게 제시했습니다.[21]

그러나 지금과 같은 정보의 홍수 시대에는 많은 기준을 활용하기가 어렵습니다. 디지털 환경에 맞는 읽기 방식을 익힐 필요가 있죠. 그 대표적인 교육 방법이 수평적 읽기lateral reading입니다.

수평적 읽기는 인터넷 환경에서의 읽기에 관한 연구 보고서에서 등장한 용어입니다. 스탠퍼드대학교 역사 교육 그룹은 이 연구의 의도를 이렇게 설명했습니다.[22]

우리는 중학생들이 뉴스news story에서 광고를 구별해낼 수 있기를 바랍니다. 고등학생들이 총기 관련 글을 읽으면서 함께 제시된 도표가 총기 소유자를 대변하는 정치 활동 위원회에서 만든 것임을 알아차리길 바랍니다. 매일 온라인에서 몇 시간씩 지내는 대학생들이 org 도메인만 보지 말고, 논쟁적인 문제의 한쪽 면만 제시하는 사이트의 배후에 누가 있는지 묻기를 바랍니다.

광고는 상업을, 뉴스는 공익적 정보 제공을 목적으로 하지만, 현실에서는 그 경계가 점점 모호해지고 있습니다. 기사처럼 보이지만 기업이 비용을 지불한 협찬 기사, 포털 사이트의 뉴스 섹션에 섞인 기사 등도 있죠. 언론사 혹은 기자가 의도를 갖고 사건을 특정한 방식으로 보도할 수 있기 때문입니다. 법이나 공공 사이트도 그 배경이나 의도를 분석해볼 수 있어요. 앞의 연구 팀은 학생들이 디지털 정보의 신뢰성을 평가하는 능력이 부족하다는 점에 주목하면서 학생들이 광고와 뉴스 기사를 구분하지 못하거나, 특정 기관에서 제공한 자료의 편향성을 알아채지 못하는 경우가 많다는 점을 지적한 것이죠.

정보의 신뢰성을 판단하기 위해서는 표면만 읽을 것이 아니라 다른 출처로 이동해 교차 검증을 하는 습관이 필요합니다. 먼저 정보의 출처가 누구인지, 어떤 의도로 작성했는지 파악합니다. 예를 들어 특정 기사가 출처를 밝히지 않은 채 논란이 되는 내용을 다루고 있다면, 해당 정보의 신뢰성은 낮을 가능성이 높습니다. 신뢰할 수 있는 출처와 그렇지 않은 출처를 구별하는 법을 스스로 익히는 것이 중요합니다.

그리고 다른 출처와 비교 검증을 해봅니다. 수평적 읽기의 핵심은 한 가지 출처에만 의존하지 않고, 다른 출처와 비교하는 것입니다. 같은 사건이나 주제에 대해 매체마다 다르게 정보를 전달하는 경우가 많습니다. 예를 들어 SNS에서 어떤 사회적 이슈가 언급되었다면, 다른 뉴스 웹 사이트에서도 같은 사건이 보도되었는지, 어떤 방식으로 전달되었는지를 점검해 보는 것입니다. 이를 통해 정보를 어떤 관점에서 다뤘는지 파악할 수 있습니다. 신뢰할 수 있는 전문 기관이나 교육 기관의 웹 사이트에서 해당 정보에 대한 추가 자료를 확인해보는 것도 좋은 방법입니다. 이를테면 건강 정보를 검색할 때 공신력 있는 의료 기관에서 발행한 자료를 참고할 수 있겠죠.

저자나 작성자의 배경도 조사해야 합니다. 정보를 제공하는 사람이 누구인지, 해당 분야의 이력이 있는지, 전문성이 있는지 등을 알아보는 것이죠. 저자가 전문가인지, 특정 단체의 지원을 받는지 등에 따라 정보의 편향성이나 신뢰도를 파악할 수 있습니다. 예를 들어 특정 의학 정보를 제공하는 사람이 과연 의학 전문가인지, 혹은 제품과 이해관계가 얽힌 사람인지 알아보는 것은 정보 신뢰성 검증의 중요한 요소입니다.

- **멈추기**: 웹 페이지나 게시물을 읽거나 공유하기 전, 잠시 멈춘다. 출처가 어디(사람/기관)인지, 주장과 매체의 신뢰도나 평판을 알고 있는지 스스로 점검하고, 모른다면 다음 단계로 넘어간다. 검증 과정에서 산만해지면 목적을 재확인하며 다시 멈춘다.

- **출처 확인하기**: 글·영상의 제작 주체(사람/기관)가 누구인지,

전문성, 이해관계, 과거 신뢰도(정확성·공정성)가 어떠한지 약 1분 내로 점검한다.

- **더 나은 자료 찾기**: 처음 본 자료에 매이지 말고, 주장을 신뢰할 만한 다른 기사나 분석으로 교차 확인한다. 그 주제를 다룬 더 적절한 출처를 찾아보거나 여러 매체를 비교해 전문가의 의견이 어느 정도 일치하는지 살핀다.

- **원문의 맥락 추적하기**: 주장·인용문·사진·영상·연구 결과의 첫 출처를 찾아서 본래의 맥락을 확인한다. 편집·요약·자막 제작 과정에서 의미가 왜곡되었는지, 부분 발췌는 아닌지, 연구가 실제로 그런 결론을 냈는지 점검한다.[23]

교사로서뿐만 아니라 시민으로서도 수평적 읽기는 디지털 소통 환경에서 꼭 갖춰야 하는 능력입니다. 우리가 디지털 환경에서 정보를 비판적으로 검토하고 평가하는 능력을 키운다면, 허위 정보에 휘둘리지 않고 중요한 판단을 내리는 데 도움을 받을 수 있습니다.

② 매체 자료의 재현 방식 분석하기

국어 교과서에는 광고, 뉴스 등 매체 자료를 비판적으로 분석하는 활동이 제시되기도 합니다. 그런데 다루기 어려

○ 매체 자료가 보여주는 대상의 모습과 실제 현실이 어떻게 다른지 비교해
보자.
(1) 우리 학교의 특징을 잘 나타낼 수 있는 장소가 어디인지 생각해보고,
우리 학교 사진을 한 컷 찍어보자.
※ 자신의 의도를 잘 드러낼 수 있는 카메라의 거리와 각도를 생각해
본 다음 사진을 찍어보자.

(2) 각자 찍은 사진을 모둠원과 공유해보고, 친구가 표현하고 싶었던 우리
학교의 특징은 무엇일지 정리해보자.

모둠원 이름	사진에 나타난 우리 학교의 특징

(3) 각자 사진을 찍으며 우리 학교를 어떻게 표현하려 했는지 이야기해보
고, (2)에서 정리한 내용과 비교해보자.

(4) 특정한 인물이나 장소 등 대상이 실제와 다르게 표현된 매체 자료를
본 경험에 대해 모둠원끼리 이야기해보자.

매체 자료의 재현 개념 이해를 위한 학습활동의 예

운 민감한 내용이라거나 지면에 한계가 있다는 등의 이유로
교과서에 비판적 분석을 위한 질문이 충분히 제시되지 않았
던 것 같습니다. 그래서 교실에서는 학생들이 탐구 활동을 할
수 있도록 별도의 학습 자료를 활용하거나 학습활동을 추가
하는 방안을 고려해볼 필요가 있습니다.

앞의 자료는 중학교 1~2학년에게 매체 자료의 재현이라는 개념을 이해시키기 위해 구안해본 학습활동입니다.[24] 학생들이 직접 매체 자료를 살펴보며 영화, 드라마, 광고, 홍보물 등에서 특정 집단이 어떻게 재현되는지를 분석한 다음, 무엇이 문제이고 어떻게 개선하면 좋을지 논의하는 활동을 해볼 수도 있습니다. 매체 자료를 비판적으로 바라보기 위해서는 이런 재현에 대한 이해와 함께 매체 자료를 비판적으로 분석하는 방법에 대한 학습도 필요합니다.

③ 매체 자료의 공정성 평가하기

텍스트의 타당성을 평가한다는 것은 전제와 결론, 근거와 주장의 관계가 이치에 맞는지를 판단하는 것입니다. 나아가 "텍스트의 의미 내용이 독자가 속한 담화 공동체에 적절하거나 어떤 가치를 지니는지 평가하는 것"[25]을 의미합니다. 사회학, 교육학 분야에서 논의되는 개념에 따르면 "모호하게 가려진 이데올로기'나 이것을 드러내는 현상은 타당하지 않거나 적절하지 않은 것으로 평가되거나, 비판 주체가 가진 '자유와 평등의 이념'이나 이런 이념이 구현된 현상은 '타당한 것' '적절한 것' 등으로 평가"[26]되기도 합니다.

바람직한 뉴스의 기준으로 타당성이 언급되는 경우도 있습니다. 뉴스에서 타당성은 "기사가 제시하는 주장이 확인 가능한 근거에 의존하고 있으며, 그 근거로부터 합리적으로 도출되었는지에 대한 것"을 의미한다고 합니다.[27] 매체 자료의 타당성validity을 판단하기 위해 다음과 같은 물음을 활용해볼 수 있습니다.

- 매체 자료의 내용은 확인할 수 있는 근거를 바탕으로 했나?
- 매체 자료의 주장이나 주제가 근거로부터 합리적으로

  도출되었나?
- 매체 생산자의 관점과 매체 자료의 내용이 서로 관련이 있나?
- 매체 자료에 담긴 정보나 내용이 매체 생산자의 관점을

  뒷받침하나?

매체 자료의 공정성fairness 평가는 사회·문화적 맥락을 바탕으로 매체 자료가 공정한지를 판단하기 위한 내용 요소입니다. 매체 자료의 공정성을 판단하기 위해 다음과 같은 질문을 활용할 수 있습니다.

- 매체 생산자가 선택하거나 배제한 관점은 무엇인가?
- 다양한 입장이나 관점을 종합적·심층적으로 전달해 사안의

뉴스가 사실을 전달하더라도 그것이 꼭 공정하다고 보기는 어려운 사례가 있습니다. 어느 정치인이 비리를 저질렀다는 의혹을 받고 있다고 합시다. 이를 신문 1면에 거듭 제시하거나 뉴스 첫 순서로 혹은 많은 분량을 할애해 보도하는 언론사가 있는가 하면, 단신으로 보도하거나 아예 다루지 않는 언론사도 있죠. 정치적으로 중요한 사건이 벌어졌을 때 그 사건의 배경이나 그 사건에 관련된 다양한 입장을 종합적으로 보도하는 언론사가 있는가 하면, 같은 시기에 연예인의 사생활이나 패션 등에 관한 뉴스를 집중적으로 보도하는 언론사도 있고요. 법안에 대한 논의나 선거를 앞두고 정책을 중점적으로 분석해 전달하는 매체가 있는가 하면, 권력 다툼에 초점을 맞추는 매체도 있어요.

이런 경향을 설명하기 위해 편향偏向, 즉 '미디어 편향media bias'이라는 용어를 쓰기도 합니다. 뉴스가 특정한 정치적 측면이나 이념적 측면에 유리하게 쏠리거나 왜곡되고, 하나 이상의 반대 측에 불리하게 치우쳐 저널리즘 규범에 부합하지 않는다고 판단되면 편향성이 있다고 간주됩니다. 다만 오피니언이나 사설은 뉴스와 명확히 구분되기 때문에 편향성 논란의 대상이 되지 않고, 소위 '가짜 뉴스'는 의도적으로 꾸미거나 조작된 것이기 때문에 뉴스 편향의 개념에 포함되지 않습니다. 그런데 미디어 편향은 정교한 이론이라기보다 뉴스 보도의 양상을 설명하기 위해 비교적 최근에 등장한 용어입니다.[28] 편향을 개념화하는 방법이 다양하다 보니 아직 합의된 단일 기준이 없어서 공정성 개념을 적용해 매체 자료를 비판적으로 분석합니다.

커뮤니케이션 분야까지 아울러 보면 연구자마다 공정성 개념에 대한 견해가 조금씩 다르기는 하지만, 대체로 중립성과 균형성이 공통 요소로 언급됩니다. 이해관계가 대립하는 논쟁 사안을 다룰 때 매체 생산자가 중립적인 위치에서 갈등 당사자의 관점을 균형 있게 전달하고 있는가를 판단해야 한다는 것입니다. 동일한 매체라 하더라도, 수용자의 지각 편향에 따라 적대적으로 평가될 수도 있고 우호적으로 평가될 수도 있습니다. 그래서 매체 자료의 공정성을 평가할 때는 먼저 자신의 관점이나 가치관을 점검할 필요가 있습니다.

텔레비전이나 신문 등 대중 매체는 사람들이 우리 사회를 인식하고, 여론을 형성하고, 사회적 의제를 설정하는 데 막대한 영향을 미칩니다. 이와 더불어 미디어의 영향력을 감시하고 비판하는 미디어 비평 프로그램도 꾸준히 제작되어왔어요. 예를 들어 문화방송MBC의 〈미디어 비평〉(2001~2003), 한국방송공사KBS의 〈미디어 포커스〉(2003~2008), 〈미디어 인사이드〉(2013~2016), 〈저널리즘 토크쇼 J〉(2018~2020), 〈질문하는 기자들 Q〉(2021~2022) 등이 있었죠. 〈TV비평 시청자데스크〉(2001~현재) 같은 프로그램도 있고요. 이 방송들은 시사 문제를 직접 다루지는 않았지만, 뉴스와 방송 보도의 문제점을 짚어내며 사람들의 비판적 안목을 키우는 데 기여했습니다. 이러한 매체 비평은 매체가 사회의 중요한 사건이나 변화를 빠르게 알리고(환경 감시), 그 의미를 해석해주거나 사람들 사이의 의견을 조정하는 역할(해석 및 상관 조정)을 제대로 수행하고 있는지를 점검하는 활동이라는 점에서 중요합니다.

매체 자료 비평의 대표적인 예로는 영화 비평을 살펴보겠습니다. 매체 환경이 변화하면서 대중 매체의 위상과 영향력이 약해지고, 그 자리를 소셜 미디어가 채웠습니다. 사람들이 매체나 매체 자료를 이용하는 방식도 따라서 달라졌고요. 개개인의 목소리가 소셜 미디어를 통해 공유되면서 누구나 매체 및 매체 자료에 관한 생각이나 의견을 다양한 방식으로 드러낼 수 있게 됐죠. 특히 영화 비평도 과거와는 다른 형태로 나타나고 있습니다.

어떤 영화는 언론 매체와 같이 우리 사회의 쟁점에 주목하고, 문제의 원인을 분석하는 기능을 합니다. 실화를 기반으로 한 〈도가니〉(2011), 〈카트〉(2014), 〈다음 소희〉(2023) 등은 언론보다도 더 강력하게 사회문제를 공론화했죠. 〈기생충〉(2019)은 실화에 기반을 두지는 않았지만, 자본주의 사회에서의 빈부 격차 문제를 다뤄 세계적인 공감을 불러일으키기도 했고요.

영화 비평은 영화가 다룬 주요한 소재나 사건을 환기하고 분석함으로써 결국은 우리 사회를 돌아보게 합니다. 사회문제를 직접적으로 다룬 영화가 아니더라도, 작품 내용을 현실에 기반해 들여다보거나 인물이나 대상이 어떤 방식으로 재현되는지, 어떤 고정 관념을 반영하는지 등을 분석할 때는 현실 사회와 연계한 비판적 사고가 필요해요. 결국 매체 비평이나 매체 자료 비평 모두 시민성 함양을 위한 비판적 문해 활동으로서 중요한 교육적 의미가 있습니다.

《공통국어2》 교육과정에는 [10공국2-06-01] 외에 "[10공국2-03-02] 논증 요소에 따른 분석을 바탕으로 효과적으로 내용을 조직하여 논증하는 글을 쓴다"라는 성취기준이 있어서, 매체 영역과 쓰기 영역을 연계해 매체 비평문 쓰기 활동을 진행할 수 있습니다. 그런데 영화 비평문은 일반적인 감상문이나 영화를 소개하는 리뷰와는 다릅니다. 타당한 근거를 들어 작품을 평가하는 논증 과정이 드러나야 하죠. 복합양식적 요소가 어떤 방식으로 의미를 형성하는지 파악하고, 궁극적으로는 사회·문화적 맥락을 바탕으로 영화의 의미를 해석할 수 있어야 합니다.

영화 비평문 쓰기에서는 단지 느낀 점을 서술하는 것이 아니라, 작품 속 시각적·청각적 요소, 서사 구조, 사회적 배경 등을 분석하고 자신의 관점을 논리적으로 구성해내는 논증 글쓰기가 요구됩니다. 영화 평론가 김지미는 영화 비평을 위해 다음 세 가지 관점에서 접근할 것을 제안합니다.[29]

- 영화 안에서 읽을 것: 주제, 내러티브, 인물, 시점 등 서사적 요소
- 영화 안에서 볼 것과 들을 것: 숏, 카메라 움직임, 색채, 음향 등 시청각적 요소

- 영화 밖에서 참고할 것: 감독의 의도, 사회적 맥락, 수용자

　반응 등

　이런 요소를 분석할 때 매체 문해력의 네 가지 범주(미디어 언어, 재현, 제작자, 수용자)와 함께, 상호 텍스트성의 관점을 적용해 작품 간 비교와 해석을 시도할 수 있습니다. 이처럼 다각적인 분석은 단지 영화라는 콘텐츠를 넘어 그 안에 담긴 사회·문화적 메시지와 관점까지 읽어내는 문해력을 길러줍니다.

　영화 비평문을 쓰기 위해서는 우선 대상이 되는 작품을 선정해야 합니다. 동일한 작품을 비평한 다른 사람의 비평 자료를 참고해볼 수도 있으나, 그것을 읽기 전에 먼저 자신의 관점에서 해석해야 합니다. 비평 자료에서 논의하는 내용에 의존해 매체 자료를 해석할 수 있기 때문이죠.

　다음으로 예상 독자, 주제, 비평 자료의 유형을 정합니다. 작품 세계나 이력 등 감독에 관한 정보, 영화의 제작 시기 및 사회적 배경, 영화 원작과의 차이점, 수용자의 반응, 영화에 반영된 사회상과 실제 현실과의 관계, 카메라의 거리와 각도, 음향·색채·편집 등 영상 언어의 선택과 효과, 미장센에 담긴 의도와 주제 형성의 효과 등을 분석하며 비평문을 쓰는 데 필요한 내용도 생성합니다. 아울러 상호 텍스트 범주에서 주제, 소

1. 내 용	1-1. 주요 인물 간 갈등의 원인은 무엇인가? 이 갈등 양상은 주제와 어떻게 연결되는가? 1-2. 갈등이 드러나는 장면에서 인물의 표정, 대사, 행동은 갈등을 어떻게 드러내는가? 1-3. 사건의 순서나 플롯의 전개 방식이 주제를 강화하는 데 어떻게 기여하는가? 1-4. 작품의 구조에서 중요한 전환점은 무엇인가? 이것은 주제나 인물의 변화와 어떻게 연결되는가? 1-5. 작품에서 반복적으로 등장하는 색, 기호, 소품 등의 상징적 의미는 무엇인가? 이것이 주제나 인물과 어떻게 연결되는가? 1-6. 작품의 주제는 무엇인가? 주제가 잘 드러난 장면은 무엇이며, 그렇게 생각한 이유는 무엇인가?
2. 언 어	2-1. 주요 장면에서 숏과 앵글, 색채, 조명, 카메라의 움직임은 어떠한가? 이는 장면의 분위기를 형성하는 데 어떤 효과가 있는가? 2-2. 주요 장면에서 쓰인 효과음이나 배경 음악은 어떤 분위기를 조성하는가? 이는 주제를 드러내는 데 어떤 효과가 있는가?
3. 재 현	3-1. 특정 인물이나 사회 집단을 어떤 방식으로 재현하는가? 이는 관객에게 어떤 메시지를 전달하는가? 3-2. 특정 고정 관념을 반영하거나 비판하는 방식으로 재현하는가? 그렇다면 그 효과는 무엇인가? 3-3. 작품이 특정한 사회문제나 이슈를 반영하는가? 그 이슈가 어떻게 표현되는가?
4. 제 작 자	4-1. 감독이나 작가의 다른 작품은 무엇이며, 어떤 특징이 있는가? 이 작품에서 어떤 점이 제작자의 독특하거나 일관된 스타일을 나타내는가? 4-2. 감독이 인터뷰나 제작 과정에서 밝힌 제작 의도는 무엇인가? 이는 영화의 주제나 연출 방식과 어떤 관계가 있는가?

| 5.
수
용
자 | 5-1. 관객 반응은 어떠한가? 댓글이나 평점 등으로 확인할 수 있는 일반적인 반응이나 논쟁거리는 무엇인가?
5-2. 관객의 해석이 감독의 의도와 일치하는가? 다른 해석이 나타나는가? 그렇다면 그 이유는 무엇인가? |
| 6.
상
호
텍
스
트 | 6-1. 이 작품과 주제나 표현 방식이 유사한 다른 영화나 문학작품이 있는가? 소재나 주제, 연출 기법 등에서 보이는 유사점이나 차이점은 무엇인가?
6-2. 비교 작품에서 다룬 소재나 주제는 어떻게 다르게 해석되며, 이 작품만의 차별점은 무엇인가? |

영화 비평문 쓰기 지도를 위한 주요 질문

재, 감독, 매체 변용 등의 측면과 관련이 있는 작품을 탐색해 비평 대상과 비교해봅니다.

위 표는 이와 같은 영화 비평 활동을 실제 수업에 적용하기 위해 만들어본 것입니다. 매체 문해력의 여섯 가지 범주(내용, 언어, 재현, 제작자, 수용자, 상호 텍스트)를 중심으로, 교사가 학생들에게 제시할 수 있는 구체적인 분석 질문을 정리했습니다. 각 질문은 작품 해석의 방향성을 제시하며, 학생들이 단순한 감상을 넘어서서 비판적이고 다각적인 시선으로 매체 텍스트를 탐색할 수 있도록 이끕니다.

예를 들어 내용 영역에서는 갈등 구조나 주제를 중심으로

서사를 분석할 수 있으며, 언어 영역에서는 숏, 앵글, 음향 등 시청각 요소가 의미 구성에 어떤 역할을 하는지를 살펴봅니다. 재현 영역에서는 특정 사회 집단이 어떤 방식으로 묘사되는지를 분석하고, 제작자 영역에서는 감독의 연출 의도나 메시지를 해석합니다. 수용자 영역은 다양한 해석 가능성과 수용자 반응을 통해 텍스트의 의미 구성을 확장시키고, 상호 텍스트 영역은 주제가 유사한 다른 작품과 비교하며 텍스트의 맥락을 넓혀주는 관점을 제공합니다. 이런 범주 기반의 질문 활용은 학생들이 다양한 영화에 대해 논리적이고 풍부한 비평문을 구성하도록 돕는 토대가 될 수 있습니다.

미디어로 내 목소리 들려주는 법

학교에서 매체 자료 제작을 가르쳐야 하는 이유는 미디어가 사회적으로 어떻게 작동하며, 우리 사회에 어떤 영향을 미치는지를 이해시키기 위해서입니다. 학생들이 직접 매체 자료를 제작해보면, 미디어의 매체 자료가 단순한 정보가 아니라 특정한 목적과 이해관계에 따라 기획·편집·구성된 사회적 산물임을 깨달을 수 있기 때문이죠. 나아가 매체 자료를 비판적으로 해석하는 것을 넘어 학생 스스로 새로운 시선으로 메시지를 기획하고 창작하며 주류 담론에 도전해볼 수 있는 계기가 됩니다.

이 활동은 학생 자신의 배움을 확인하는 과정인 동시에 타인에게 배움의 기회를 제공하는 과정이기도 해요.[30] 매체 자료를 만들 때는 수용자의 관심사, 요구, 특성을 분석하고 이를 반영한 메시지를 설계합니다. 수용자의 공감을 얻을 수 있는 매체 유형을 정하고, 그 특성에 적합한 표현 전략을 통해 메시지를 구체화하죠. 이렇게 만든 매체 자료를 공유해 공동체에서 다양한 정보와 의견을 수집하고, 협력적 문제 해결을 위해 여론을 형성하는 활동은 시민으로서 디지털 환경에서 이뤄지는 사회적 소통에 의미 있게 참여하는 것으로 이어집니다.

매체 자료 제작은 언어뿐만 아니라 이미지, 소리, 영상, 동작 등 다양한 기호 양식을 복합적으로 활용해 의미를 구성하는 창작 활동입니다. 글쓰기가 '언어로 세계를 직조하는 작업'이라면, 매체 자료 제작은 '언어를 넘어 다양한 감각 자원을 활용해 의미를 재구성하는 작업'인 셈이죠.

간단한 매체 자료 제작 활동은 종이와 연필만으로 시작할 수 있습니다. 그림과 글로 이뤄진 그림일기도 복합양식 텍스트의 예입니다. 사인펜이나 크레파스를 이용하면 색채가 갖는 상징적 의미를 표현할 수도 있죠. 카드뉴스를 만들며 주제와 관련된 이미지나 문구는 뭘지, 어떤 색상이나 글꼴을 택해야 의도를 효과적으로 표현할 수 있을지, 순서를 어떻게 배열해야 독자가 흥미를 갖고 끝까지 볼 수 있을지를 활동지에 써 넣는 것도 매체 자료 제작을 위한 활동입니다.

영상 매체에서는 텍스트만이 아니라 카메라의 거리와 각도, 화면 구성, 색채, 조명과 같은 시각적 요소와 음향 효과, 배경 음악, 내레이션과 같은 청각적 요소가 복합적으로 의미를 구성합니다.[31] 촬영, 편집, 내러티브 구조도 활용할 수 있으며, 나아가 자본과 권력의 개입, 플랫폼 작동 방식 등 다양한 요소를 분석해 제작에 반영할 수 있습니다.[32] 또 인터넷 매체에서는 시각적, 청각적 요소 외에도 하이퍼링크, 이용자가 입력한 내용에 따른 상호 작용 같은 요소가 함께 작용하기 때문에 화면 구성이나 수용자와의 상호 작용 방법을 계획해볼 수 있습니다.

제작된 매체 자료는 학교 누리집, 개인 인터넷 방송, SNS와 같은 독립적인 채널을 통해 공유하면서 수용자나 동료로부터 피드백을 받아 수정·보완합니다. 이후 매체 자료 제작 과정 전반을 돌아보며 자신의 메시지가 사회적 맥락에서 어떤 의미

○ 자신이 경험한 매체 자료를 바탕으로 각각의 예를 들고 그 장면의 효과를 간단히 정리해보자.

	주요한 시각 특징	의미	예
응시	살아 있는 캐릭터가 보는 이를 응시함.	보는 이와 소통함.	
	보는 이를 응시하지 않음.	캐릭터가 대상화되어 있음.	
카메라의 거리	멀리 찍기 long shot	대상이 처한 상황을 드러냄.	
	머리부터 발끝 찍기 full shot	대상의 상태를 드러냄.	
	상반신 찍기 medium shot	사회적 상호 작용을 재현함.	
	가까이 찍기 close up	세부 사항에 집중함.	
카메라의 각도	조감도 항공각, arial	보는 이가 전지적임.	
	내려보기 부감, high angle	대상을 작고 약하게 보이게 함.	
	마주 보기 평각, eye level angle	현실감을 구현함.	
	올려보기 앙각, low angle	대상을 크고 강하게 보이게 함.	
	기울이기 사각, oblique angle	모순된 상황을 드러냄.	

색채	채도 saturation 총천연색~흑백	사실적 이미지에서는 사실적으로 보이는 채도, 다양한 색, 많은 변이가 자연스러운 효과를 창조함.	
	색상의 수 number		
	변이 variation		
노출	과소 노출 underexpose	불길한 분위기와 위협감을 드러냄.	
	과다 노출 overexpose	대상이 공개적·심리적으로 노출됨.	
초점	선명한 이미지 (초점 맞음)	정밀함, 정확함, 사실감, 과장된 현실감을 제공함.	
	흐릿한 이미지 (초점 안 맞음)	초점이 덜 맞은 이미지는 더 부드러워 보이며 낭만적이고 이상화된 효과를 창출함.	
텍스트	글꼴, 크기, 서체, 색깔, 간격, 지면 배치 등		

영상 언어를 분석하기 위한 항목

를 갖는지, 어떤 시각을 반영했고 무엇을 배제했는지를 비판적으로 점검하죠. 이런 성찰은 대중 매체나 언론사 등 주류 매체가 누구의 목소리를 중심에 두고, 누구의 목소리를 주변화하는지를 이해하는 것으로 이어지며, 미디어를 둘러싼 권력 구조를 인식할 수 있게 합니다. 학생들은 자신이 제작한 콘텐츠가 사회에 어떤 영향을 줄 수 있는지 고민하며, 매체 자료 생산자로서의 책임감과 영향력을 깨달을 수 있습니다.

정리하면, 매체 자료 제작 활동은 다양한 기호 양식을 선택하고 조합하면서 설계하는 능력을 길러줍니다. 또한 매체 자료를 수용하며 다양한 기호 양식이 어떻게 의미를 형성하는지, 그 이면에 있는 제작자의 의도나 정치적·경제적인 힘이 의미 구성에 어떻게 영향을 미치는지를 분석할 수 있는 능력을 키우는 데도 도움이 되죠. 학생들은 매체 자료 제작을 통해 자신만의 독창적 메시지를 만들며, 단순한 정보 전달을 넘어 사회·문화적 현실을 비판적으로 재구성하는 경험을 할 수 있습니다. 결국 매체 자료 제작 교육은 학생들이 언어적 표현 능력뿐만 아니라 복합양식 문해력, 비판적 매체 문해력, 사회적 실천 능력까지 함께 기를 수 있도록 돕는 확장된 국어교육의 영역입니다.

#수업 이야기 넷,
우리가 만든 뉴스 《홍길동전》

독서 신문 만들기는 비교적 오래된 국어 수행 활동 중

하나입니다. 여기서 소개할 사례도 고전소설을 읽고 뉴스를 제작하는 수행 활동으로, 특별히 새로운 것은 아닙니다. 하지만 뉴스 제작 활동에서 뉴스의 속성을 이해하는 데 초점을 맞췄다는 점이 다르죠.

이 수업은 해외의 뉴스 교육 사례를 보고 구상했습니다. 우연한 기회에 핀란드에서는 교사를 대상으로 뉴스 교육 연수를 한다는 것을 알았습니다. 이 연수에서 교사들이 모둠을 구성해《칼레발라Kalevala》라는 핀란드 신화 한 대목을 뉴스로 직접 만들어보는 활동을 했다고 해요.[33] 이때 모둠별로 언론사를 달리했는데, 예를 들면 스포츠 신문, 낚시 채널, 지역 신문 등 특정 분야나 범위를 설정하거나 신문, 방송, 인터넷 신문과 같이 매체를 구체적으로 설정했다고 합니다. 특정한 정치 성향을 표방하기도 하고요.

연수에 참여한 교사들은 뉴스를 제작하는 기능도 익힐 수 있었지만, 뉴스 제작 활동을 통해 무엇이 뉴스가 되는지, 동일한 사건을 언론사마다 어떻게 보도하는지, 왜 다르게 보도하는지, 사람들의 시선을 끌기 위해 어떤 전략을 취하는지를 익힐 수 있었습니다. 이런 활동을 한 다음에는 뉴스 가치, 게이트 키핑 같은 개념적 지식을 이해하기가 더욱 쉬워지겠죠.

이 연수 활동을 참고해, 중학교 1학년 국어 수업에서《홍길

166

동전》으로 뉴스 만들기 수업을 해보기로 했습니다.[34] 먼저 출판사도 판본도 다른《홍길동전》다섯 종을 골라 각각 대여섯 권씩 총 27권을 준비한 다음 세 차시 동안은 작품을 읽혔습니다. 같은 책보다는 서로 다른 책을 읽으면 학생 간 대화가 더 활발해질 것 같아 경판본과 완판본을 함께 준비했죠. 물론 동일한 작품으로 활동하면 더 수월하게 진행할 수 있을 것 같습니다.

학생들에게는 매 차시마다 작품을 읽은 다음 기억에 남는 내용을 공책에 메모하도록 했습니다. 4차시에는 읽고 메모한 내용을 바탕으로 홍길동이 영웅인지 아닌지에 대해 모둠별로 의견을 나누게 했어요. 보석 맵에 질문을 적어 모둠원들에게 돌린 다음 작품에 대한 기본적인 내용을 정리하도록 했죠. 그리고 5차시부터는 뉴스의 속성을 간단히 안내하고, 뉴스 제작 활동을 시작했습니다. 보도 사진 한 장을 화면에 띄우고, 모둠별로 표제를 적어 칠판에 붙인 다음 서로 비교해보게 하면서 무엇에 초점을 두는지에 따라 표현이 달라질 수 있다는 점을 간단히 설명했습니다. 이후 뉴스 만들기 수행평가지를 배부해 모둠별로 언론사를 정하도록 했죠. 왕족, 양반, 평민, 천민, 부녀자 등 어떤 집단의 관점을 대변할지, 뉴스의 매체 양식은 무엇으로 할지를 고르고, 언론사의 성격도 구상해

우리의 눈으로 해석한 《홍길동전》

| 뉴스로 말하다 |

《홍길동전》의 등장인물, 사건, 그리고 당시 사회에 대해 어떻게 생각하나요? 여러분 모둠은 이제 어떤 언론사가 되어 《홍길동전》을 뉴스로 만들 것입니다. 그런데 종합 일간지와 지역 신문, 스포츠 신문이나 과학 신문 등 언론사마다 사건을 바라보는 관점이 다릅니다. 누구의 관점에서, 어떤 입장에서 뉴스를 만들지 생각해보고 모둠의 뉴스를 제작해봅시다.

평가 기준	평가 자료
• 언론사의 관점이 잘 드러나는가?	뉴스, 상호 평가지
• 사건이나 정보의 선정이 적절했는가?	
• 핵심 문구나 시각 자료가 적절했는가? 뉴스의 형식과 윤리적인 측면을 준수했는가?	활동 과정, 학습지, 소감문
• 서로 의견을 존중하고 협력하며 뉴스를 제작했는가?	

○ 언론사의 성격을 정해봅시다.

    (1) 언론사의 사훈이나 모토*는 무엇인가요?

        *모토: 살아가거나 일을 하는 데 있어 표어나 신조 따위로 삼는 말.

    (2) 어떤 사람들의 관점이나 입장을 대변하나요?

        □ 왕족   □ 양반   □ 평민   □ 천민   □ 서얼   □ 부녀자

        □

    (3) 사용할 매체는 무엇인가요?

        □ 영상 뉴스(3분±30초)   □ 신문(4절지, 양면)

        □ 카드뉴스(슬라이드 10장 이상)

    (4) 뉴스/신문의 이름은 무엇인가요?

뉴스 만들기 수행평가지의 예

168

보도록 했습니다.

이어서 뉴스에서 다룰 주요 사건들을 선정한 다음 각자 역할을 나눠 뉴스를 제작했습니다. 신문 모둠은 기사, 광고, 칼럼, 사설, 가상 인터뷰 등으로 분야를 나눠 각자 맡은 부분을 작성하도록 했습니다. 기사나 칼럼의 초고를 확인받은 다음 실제 신문을 보고 형식을 참고하게 했어요. 영상 뉴스를 선택한 모둠은 스토리보드를 작성해 확인받은 다음 복도나 홈 베이스 등에서 촬영하도록 했습니다. 카드뉴스 모둠도 각 장면 구상을 먼저 확인받은 뒤 노트북이나 교실 컴퓨터를 이용해 교실 안에서 제작하도록 했어요.

8차시에는 완성된 뉴스를 공유했습니다. 각 모둠 자리마다 신문은 책상 위에 두고, 영상 뉴스는 노트북으로 볼 수 있게 하고, 카드뉴스는 플로터로 출력해 벽에 붙여놨죠. 그리고 모둠원들끼리 함께 이동하면서 각 모둠의 뉴스를 보고 포스트 잇에 간단히 감상을 적도록 했습니다. 그때는 개인 기기가 없었지만, 지금은 개인 태블릿 PC나 노트북 등으로 패들렛에 감상을 올리면 더 쉽게 공유할 수 있을 것 같습니다. 종이 신문 대신 인터넷 신문이나 웹진 형태로 작성할 수도 있겠고요.

마지막 시간에는 자신이 수행 활동에 어떻게 참여했는지, 다른 모둠의 뉴스를 보고 안 점은 무엇인지, 뉴스를 제작해본 소감이 어땠는지 등을 작성하도록 했습니다. "긴 시간 동안 활동했다" "조금 어려웠다" "재밌었다"라는 소감도 있었지만, 몇몇 아이들은 "언론을 못 믿겠다" "같은 작품을 읽었는데 뉴스가 모두 달라서 놀랐다"라고 적기도 했죠.

학생들이 뉴스를 만드는 과정을 보며 교사로서 제가 배운 점도 많았습니다. 한 학생이 여백을 어떻게 채울지 고민하기에 "평민이 보는 신문에는 어떤 광고가 들어갈까?"라고 했더니, 그 학생은 곧바로 "옷? 쌀?"이라고 답하고는 바로 포목점 광고로 여백을 채워갔어요. 왕족을 대변하는 신문인《First 신문》에는 "왕비가 애장하는 그 비녀"라는 광고가 들어가기도 했죠. 사실 저도 무엇으로 채울 수 있을지 모른 채 질문한 것이었는데 말이에요.

카드뉴스 모둠에는 "카드뉴스는 독자가 끝까지 흥미를 갖고 볼 수 있게 해야 하는데, 어떻게 장면을 배열하면 좋을까?" "카드뉴스에는 로고도 있는데, 너희 언론사를 상징할 만한 이미지는 뭐니?" 같은 질문을 했는데, 이 학생들도 기대 이상의 결과물을 보여줬습니다.

《홍길동전》을 읽고 뉴스를 만들면서 학생들은 자신들이 살아가는 현실 사회의 정치적 문제를 지적하는가 하면, 몇몇 모둠에서는 홍 판서가 시비 춘섬을 범하는 장면을 뉴스거리로 선정하기도 했습니다. 아이들이 일부러 자극적으로 표현하려는 것은 아닐까 하는 생각도 들었지만, 모둠이 정한 언론사의 특성을 고려하면 사건 선정이 잘못되었다고 할 수도 없었죠. 평민이나 천민, 특히 부녀자층을 대변하겠다고 정한 모둠에서는 홍 판서의 행동에서 나타난 문제점을 적극적으로 짚어내기도 했습니다. 학생들의 인권 의식과 정치의식이 수행 활동에 반영되었기 때문입니다. 저는 조심스러워 제대로 설명하지도 못했는데, 학생들은 장면을 세밀하게 읽어내면서 문제의식을 느끼고, 그것을 모둠이 정한 언론사의 성격에 맞게 뉴스화해냈습니다.

#수업 이야기 다섯, 오디오 클립은 소통을 싣고

고등학교에서는 매체 자료 제작을 통한 사회 참여에 관한 내용이 중학교보다 더욱 구체적으로 제시됩니다. 매체 자료를 SNS, 댓글, 누리집, 진로 아카이브 등을 통해 공유하거나, 수용자의 반응을 확인하면서 사회적인 활동에 능동적인 참여를 유도하는 학습활동이 포함되었습니다. 그러나 이것 역시 교과서마다 구현 양상에는 차이가 있습니다.

디지털 시대의 읽기는 영상과 이미지를 중심으로 이뤄집니다. 하지만 팟캐스트, 오디오 클립, 오디오 매거진 같은 청각 매체도 꾸준히 제작·유통되고 있어요. 청각 매체와 관련해서는 담화 구조나 발화 전략 등 실제 언어 사용 상황을 학습할 수도 있고, 디지털 매체에서 상호 작용성이 점차 강해진다는 점을 고려하면 오디오 콘텐츠를 제작하는 활동을 해볼 수도 있습니다.

다음은 책, 드라마, 영화, 게임, 웹툰, 웹드라마, 애니메이션 등 자신이 좋아하는 콘텐츠를 소개하고 비평하는 오디오 클립을 제작하는 활동을 위한 안내 자료입니다.

텍스트(오디오 콘텐츠의 대본)를 작성할 때는 줄거리를 모두 소개하지 않도록 유의하라고 안내했고, 미디어 텍스트를 분석할 때는 먼저 자신의 관점을 정하고나서 평가 기준을 파악하도록 했습니다. 콘텐츠를 기획하면서 선정한 콘텐츠의 특성 외에 청취자 특성, 예상 반응 및 기대되는 바도 미리 작성하도록 했는데, 이는 소통 맥락과 관련이 있습니다. 소통 맥락 측면에서 청취자를 어떤 이들로 설정했으며, 그에 따라 텍스트 수준을 어떻게 조정할지, 청취자를 어떻게 지칭할지, 청취자와의 소통을 위해 어떤 전략을 사용해야 할지를 고려할 수

단계	활동 방법 안내
대상 텍스트 선정 및 기획안 작성	• 선정한 미디어 텍스트에 대해 　- 어떤 메시지를 전달하는가? 작가/감독의 의도나 관점은 어떠한가? 　- 작품이 출판/개봉/출시된 사회·문화적 맥락은 어떠한가? 　- 실제 세계의 어떤 사건이나 현상과 관련이 있는가? 　- 어떤 플랫폼을 통해 소비자에게 공급되며, 그 특징은 무엇인가? 　- 함께 비교하면 좋을 다른 미디어 텍스트는 무엇인가? 　- 청취자의 삶에 어떤 의미가 있는가? • 청취자의 지적인 흥미를 끌 수 있는 소재나 내용은 무엇인가? • 어떻게 하면 내용을 효과적으로 전달할 수 있는가?
결과물 제출	• 자료 제작 기획안과 소개하는 내용을 담은 오디오 클립 파일을 공유 게시판으로 제출한다.
동료 평가	• 동료의 결과물 듣고 댓글 달기 　- 동료의 오디오 클립을 듣고 완성도, 흥미성, 유용성, 표현 등의 측면에서 평가한 뒤 의견을 댓글로 남긴다.

오디오 콘텐츠 제작하기 활동 안내(일부)

있습니다. 콘텐츠의 특성에 따라 도입 시 효과음이나 배경 음악, 기본 발화를 바꿀 수도 있습니다. 예컨대 또래와의 소통을 위한 방송 콘텐츠에서 애니메이션을 소개하는 코너라면 또래에게 친밀감을 줄 수 있는 효과음이나 발화로 시작할 수 있고, 취침 시간대나 특정 분야에 관심 있는 사람을 겨냥한 콘텐츠라면 또 그에 맞는 방식으로 도입 또는 마무리를 구성할 수 있을 것입니다. 이 활동을 통해 학생들은 소통 맥락과 매체 특성을 고려해 매체 자료를 생산하고, 자신이 제작한 매체 자료만이 아니라 자신의 미디어 문화를 다른 사람과 공유하는 경험을 할 수 있습니다.

SNS, 어떻게 쓰고 있니?

국제적인 법률과 권고 사항, 미국의 아동 온라인 프라이버시 보호법Children's Online Privacy Protection Act of 1998에 기초한 각 플랫폼의 정책에 따라, 상호 작용적 매체 플랫폼 대부분은 최소 가입 연령을 만 13세로 정하고 있습니다. 그래서 중학교 성취기준에 상호 작용적 매체에 관한 내용이 포함되었습니다.

상호 작용적 매체는 인터넷 기반의 쌍방향 소통이 가능한 미디어입니다. 이용자가 정보를 수용하는 동시에 생산하기도 하죠. 기존 텔레비전이나 라디오 등과 달리 상호 작용적 매체

1. 자신이 이용하는 상호 작용적 매체의 종류와 그 이용 방식을 정리해보자.

상호 작용적 매체	이용 목적						주당 평균 이용 시간	연결된 사람 수
	대화	뉴스 이용	정보 수집	일상 기록	자료 공유	기타		

2. 상호 작용적 매체가 자신의 삶에 어떤 영향을 미치는지에 대해 짝과 대화해보자.
   - 당신의 네트워크 크기는 어느 정도인가? 충분한가, 아니면 관리하기 힘들 정도인가?
   - 친구/팔로워/계정의 질은 어떠한가?
   - SNS를 통해 어떤 기술을 발달시켰는가? 당신에게 의미 있는 기술인가?
   - SNS를 이용하면서 어떤 감정을 느끼는가? 그 감정을 현실에서도 유지할 수 있는가?
   - SNS는 어떤 장단점이 있는가?
   - SNS마다 자신이 참여하는 방식에 차이가 있는가?
   - SNS를 이용하지 않는다면, 그 이유는 무엇인가?

3. 상호 작용적 매체를 이용한 소통이 우리 사회에 어떤 영향을 미치는지 토의해보자.
   (1) 많은 사람이 관심을 갖는 주제에 관해 필자가 댓글로 자신의 의견을 밝힌 사례를 찾아보자.
   (2) 상호 작용적 매체를 이용한 소통의 긍정적인 측면과 부정적인 측면을 말해보자.
   (3) 바람직한 사회를 위한 상호 작용적 매체 이용 지침을 마련해보자.

상호 작용적 매체 이용 점검을 위한 학습활동[35]

에서는 이용자 참여를 중심으로 콘텐츠가 생산되고 공유되는 것입니다.

참고로 상호 작용적 매체의 대표적인 예로 사회관계망 서비스social network service와 소셜 미디어social media라는 용어가 혼용되는데, 둘은 의미가 조금 다릅니다. 사회관계망 서비스는 개인 간 사회적 관계 맺기와 네트워크 형성을 중심으로 한 온라인 서비스를 의미합니다. 페이스북, 인스타그램, 트위터, 카카오스토리, 링크드인 등이 여기에 해당하죠. 사람과 사람 사이의 연결과 상호 작용을 위해 프로필 생성, 친구 맺기, 관계 기반 소통 등의 기능을 갖추고 있습니다.[36]

소셜 미디어는 사용자가 콘텐츠를 생산, 공유, 소비하는 디지털 플랫폼을 총칭하는 용어로, 유튜브, 틱톡, 블로그, 팟캐스트, 위키 등이 여기에 해당합니다. 정보를 게시하거나 콘텐츠를 공유하고, 공공 담론을 형성하는 것이 목적이기 때문에 콘텐츠의 생성과 공유, 큐레이션 등 다양한 기능을 제공하고 콘텐츠를 유통하고 확산하는 데 초점을 맞춥니다.[37]

소셜 미디어는 사회적 연결과 표현을 위한 공간이지만, 일부 연구자는 소셜 미디어가 상업적 플랫폼으로서 이용자의 참여와 데이터를 수익화하는 구조라고 비판하기도 합니다. 이런 맥락에서 '미디어'라는 단어를 사용하는 것도 상업적 서비스를 미디어로 포장하려는 전략의 일환이라는 분석도 제기됩니다. 사람과 사람을 잇는 네트워크 기능을 넘어서서 콘텐츠의 생산, 유통, 소비라는 전통적 미디어 기능을 수행한다는 점을 부각하는 셈이죠.

학생들이 상호 작용적 매체를 어떤 목적으로 얼마나 사용하는지, 사용 후 느끼는 감정은 어떤지를 돌아보는 활동은 매우 중요합니다. 이런 자기 성찰은 미디어 과몰입을 예방하고, 주체적인 미디어 이용 능력을 길러주기 때문입니다.

어떻게 설계하고 실행할까?

매체 문해력 수업의 실제

보이는 대로 보지 않고, 들리는 대로 듣지 않는 힘

어떻게 설계하고 실행할까?
매체 문해력 수업의 실제

사회 이슈 분석으로
시작하는 비판력 뉴스 읽기

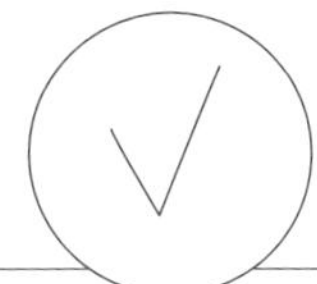

저는 온라인 수업과 대면 수업이 병행되던 2021년에 고등학교에서 교직을 시작했습니다. 당시 허위 정보 확산이 큰 문제로 대두되었는데요, 감염병 정보를 무비판적으로 수용하는 아이들을 직접 지켜보며 그 심각성을 더 크게 느꼈습니다. "코로나19 백신을 접종하면 몸에 마이크로 칩이 삽입된다는 소문도 있던데"와 같은 말이 심심찮게 들렸죠.

아이들이 제출하는 교과 혹은 진로 관련 심화 탐구 보고서에도 비판적인 검토 없이 짜깁기한 내용이 가득했어요. "출처로 표시해둔 사이트가 연결이 안 되던데 찾아봤니?"라고 물으면 "아, 그거 사실 블로그 맨 밑에 적혀 있던 출처인데 안 눌러봤어요" "저는 그냥 사이트에 있는 내용 그대로 붙인 건데" 같은 답이 돌아오기 일쑤였죠. 사회적, 정치적 이슈는 '~라던

데…'로 끝나는 대화 속에서 자주 왜곡되었고, 가끔은 특정 집단에 대한 혐오로 결론이 나곤 했습니다.

'~라던데'를 넘어서

허위 정보 확산, 무비판적 정보 수용 태도를 지적하는 보도를 볼 때마다 공감과 함께 일종의 부채감을 느꼈습니다. 여러 해 동안 매체 관련 과목을 가르치면서도 매체 문해력 교육은 전혀 하지 않았기 때문입니다. 12학급 중 8~9학급이 《언어와 매체》를 선택했으나, 수능을 대비하느라 문법 수업에만 많은 시간을 할애하고 매체 영역은 늘 뒷전이 되곤 했습니다. '이 정보를 믿어도 되나?' '편향된 의견은 아닐까?' 생각하며 주체적으로 매체 자료를 읽는 경험을 함께하지 못한 것이 후회스러웠어요. 그러던 차에 매체 영역이 신설된 2022 개정 교육과정이 도입되었습니다. 새 교육과정이 시작되는 1학년을 맡으면 매체 문해력 수업을 자연스럽게 할 수 있을 것 같았어요.

《공통국어1》에는 "사회적 의제를 다룬 매체 자료를 비판적으로 분석한다"라는 성취기준(10공국1-06-01)이 있었습니다.

이 성취기준은 지식·이해 범주의 내용 요소인 "사회·문화적 맥락" "다양한 유형의 매체 자료", 과정·기능 범주의 내용 요소인 "매체 자료 비판적으로 분석하기", 그리고 가치·태도 범주의 내용 요소인 "참여"와 관련이 있었죠.

학교가 선정한 국어 교과서는 이 성취기준을 "내용 전개의 일반적 원리를 고려하여 사회적 쟁점에 대한 자신의 견해를 정교하게 표현하는 글을 쓴다"라는 쓰기 성취기준(10공국1-03-01)과 융합해서 다루고 있었습니다. 다만 교과서 학습활동의 중점은 글쓰기에 적합한 자료를 고르는 데 있었어요.

그래서 교과서처럼 매체와 쓰기의 성취기준을 융합하되, 매체 자료의 비판적 분석에 중점을 두는 방식으로 새롭게 수업을 구성했습니다. 차시별 수업 흐름을 정리하면 184쪽과 같습니다.

유튜브 쇼츠로 세상을 보는 아이들
[1차시] 매체가 사회적 의제에 미치는 영향

첫 시간의 목표는 '매체와 사회적 의제의 관계를 알게 하자'였습니다. 매체가 여론을 형성하고 나아가 사회적 의제

1차시	• 의제와 사회적 의제의 개념 간단하게 설명하기 • 최근에 접한 사회적 의제를 어떤 매체를 통해 알게 되었는지 토의하기 • 개인 미디어가 사회적 의제를 형성하는 데 미치는 영향을 사례를 통해 살펴보기
2차시	• 재현과 게이트 키핑의 개념을 활용해 매체 자료를 비판적으로 읽어야 하는 이유 설명하기 • 뉴스 기사의 비판적 분석 과정에 필요한 질문을 생산자, 구성 요소, 의미 구성, 수용자 차원으로 나눠 살펴보고 실제 뉴스 기사에 적용하기
3차시	• 뉴스 기사의 비판적 분석 과정에 필요한 질문을 신뢰성, 타당성, 공정성 차원으로 나눠 살펴보고 실제 뉴스 기사에 적용하기 • 뉴스 빅 데이터 플랫폼 빅카인즈를 활용한 뉴스 검색 방법 실습하기
4차시	• 제시된 사회적 의제 목록 중 하나를 선택해, 해당 의제를 바라보는 관점이 다른 두 기사 찾기 • 선정한 기사를 읽고 구성 요소에 따라 주요 내용 정리하기 • 기사의 구성 요소를 근거로 생산자의 관점과 의도 분석하기
5차시	• 이전 차시에 선정했던 사회적 의제와 관련해 자신의 견해 정리하기 • 자신의 견해를 뒷받침할 수 있는 매체 자료 선정하기 • 선정한 자료의 주요 내용을 정리하고 타당성, 공정성, 신뢰성 측면에서 검토하기 • 매체와 사회적 의제의 관계 정리하기

가 설정되는 과정에 큰 영향을 미친다는 점을 고려하면, 매체 자료의 비판적 분석이 왜 필요한지를 공감할 수 있기 때문입

니다.

먼저 도입 활동으로 최근 1년간 어떤 사회적 의제를 어떤 매체를 통해 접했는지 모둠별로 공유해보도록 했어요. 이때 연예 뉴스와 스포츠 뉴스는 제외하라고 안내했습니다. 가벼운 도입 활동이라 생각했는데, 학생들은 "사회적 의제가 뭐예요?" "매체는 스마트폰, 태블릿 PC 같은 거예요?"처럼 개념어에 관해 많이 질문했습니다. 의제는 "어떤 주어진 시점에서 가장 중요한 것으로 인식되는 이슈", 사회적 의제는 "사회적으로 중요하게 인식되는 문제"라고 설명했어요. 언론사 유튜브 채널, 네이버 포털에서 본 기사, 유튜브 개인 채널 쇼츠, 친구가 보내준 링크, 인스타그램 게시물 등 다양한 매체의 예를 들어주니 그제야 모둠 대화가 원활해지기 시작했습니다.

아이들의 대화를 듣다가 크게 두 가지를 알게 되었습니다. 하나는 아이들이 제 생각보다 훨씬 더 사회에 관심이 없다는 점이었죠. 연예 및 스포츠 뉴스를 제외하니 생각나는 것이 전혀 없다고 이야기하는 아이가 많았어요. 다른 하나는 텍스트 기반의 뉴스 기사를 읽는 아이가 매우 적다는 점이었어요. 자신이 사회문제를 접한 매체를 모두 활동지에 적어보라고 안내했는데, 많은 아이가 유튜브 뉴스 채널과 유튜브 쇼츠만을 적었습니다.

저는 포털에서 뉴스 기사를 읽는 것이 유튜브 채널에서 영상을 보는 것보다 더 빠르게 개괄적인 상황을 파악할 수 있다고 생각했습니다. 그러나 요즘 아이들에게는 영상이 텍스트보다 더 빠르게 잘 읽히는 매체였던 것입니다. 결국 사회적 의제에 거의 노출되지 않고 특정 매체만 중점적으로 접하는 아이들에게는 사회적 의제가 만들어지는 과정을 직접 소개해야 했습니다.

"어떤 의제가 '사회적 의제'가 되려면, 사회 구성원들이 그 의제를 중요하다고 인식해야 합니다. 이 과정에서 여러 매체가 해당 의제를 반복적으로 다루는 경향이 나타나죠. 그렇게 매체는 사람들이 사회적 의제를 인식하는 데 큰 영향을 미칩니다. 사람들이 소비하는 주된 매체가 대중 매체일 때는 주요 방송사, 언론사에서 크게 보도하는 이슈가 사회적 의제가 되었습니다. 그러나 요즘은 개인이 다양한 매체를 활용해 문제를 제기할 수 있게 되면서 개인의 목소리가 많은 사람의 관심을 받아 언론에 보도되고 나아가 정책의 변화를 이끌기도 합니다."

컵라면 먹방에서 발견한
시각 장애인의 세상

　도입 활동 이후에는 개인 미디어가 사회적 의제 형성에 영향을 미치는 사례를 분석했습니다. 대중 매체가 사회적 의제를 형성하는 과정을 살펴보는 것도 의미 있지만, 변화한 미디어 환경을 인식하길 바랐습니다.

　여러 교과서를 살펴보고, 개인 미디어와 사회적 의제의 관계를 잘 다룬 한 교과서[1]의 매체 자료와 학습활동 흐름을 그대로 따라갔어요. 개인 방송 영상을 바탕으로 매체 자료의 중심 내용과 그 안에 담긴 사회적 의제, 생산자의 제작 의도와 수용자의 반응, 생산자와 수용자가 사회에 미친 영향을 정리하도록 구성되어 있었죠. 개인 방송을 통해 장애인으로서 자신이 느낀 편견과 생활 속 불편에 관해 공개적으로 목소리를 내는 사람들이 있다는 내용의 기사와 라면 업체에서 시각 장애인 유튜버와 함께 점자 표기 컵라면을 공동 개발했다는 소식을 담은 기사가 활동 중간에 함께 수록되어 있었습니다.

시각 장애인 두 명이 컵라면을 먹는 과정에서 여러 어려움을 겪는다. 점자 표기가 없어 제품 종류를

파악하기 쉽지 않고, 물 조절 선에 맞춰 물을 붓기도 어렵다. 두 사람은 각자가 터득한 방식대로 컵라면 물을 맞추면서 컵라면을 제대로 먹을 수 있게 되기까지 겪었던 실패담을 공유한다.

교과서는 실제 유튜브 영상과 댓글을 가공해 제시했는데, 저는 원출처인 유튜브 링크를 QR 코드로 제공했습니다. 활동 전 유튜브 영상 전체를 다시 훑어보며 아이들이 영상 전체를 봐도 문제가 없는지, 해당 채널이 최근까지 큰 문제 없이 잘 유지되고 있는지, 댓글에 혐오 표현이나 폭력적인 표현이 없는지를 확인했어요. 수업에서는 학생들에게 댓글을 읽을 때 영상과 관련 없는 내용, 혐오 표현 등은 비판적으로 살펴봐야 한다고 강조했습니다.

네 명씩 한 모둠으로 둘러앉은 아이들이 태블릿 PC 하나를 두고 영상을 시청하기 시작했습니다. 시청 속도는 1배속, 1.5배속, 2배속 등 다양했어요. 아이들은 "그 앞부분 다시 돌려보자! 거기에 자막이 있어" 하며 특정 구간을 반복하기도 하고, "영상 아래로 좀 내려봐. 댓글 반응 읽어보자" "이 댓글은 긍정적 반응 아니야?"와 같은 대화를 나누며 수용자의 반응을 살펴보기도 했습니다.

다만 사회적 의제나 제작 의도를 정리하는 것은 조금 어려위했는데요, 영상 내용을 이해하지 못해서라기보다는 정확한 언어로 표현하는 것을 어려워하는 느낌이었어요.

"선생님, 개인 방송의 사회적 의제와 제작 의도에 뭐라고 써야 할지 모르겠어요."

"유튜버가 왜 굳이 컵라면 먹는 장면을 촬영해서 올린 것 같아? 재미있어서?"

"재미도 있는 것 같긴 한데, 불편하다는 걸 보여주려고 한 것 같은데요."

"불편하다는 걸 보여주는 게 왜 필요하다고 생각했을까?"

"어쨌든 시각 장애인이 아니면 자기들이 겪는 불편을 다른 사람들은 전혀 모르니까, 그냥 알려야 한다고 생각하지 않았을까요?"

"그렇지! 그럼 시각 장애인의 생활 속 불편이라는 사회적 의제를 비장애인에게 널리 알리기 위해 영상을 제작했다고 볼 수 있겠네."

"아, 그렇게만 써도 괜찮은 거예요?"

"그럼. 사회적 의제라고 해서 어려운 말이나 정제된 표현을 써야 하는 건 아니야. 많은 사람의 관심을 받고 중요한 문제라고 인식되었다면 사회적 의제가 된 거지. 유튜브 영상을 만들 때의 제작 의도도 거창할 필요는 없어."

이후 기사를 읽을 때는 시판되는 점자 표기 컵라면을 나눠 줬습니다. 아이들이 시각 장애인의 불편에 공감하고, 기사 내용을 더 정확하게 이해하는 데 도움을 주기 위해 직접 만져보도록 했죠.

"눈 감고 만져보면 더 잘 느껴진다? 여기 선 하나가 움푹 파여 있는데 이게 물 조절 선인 것 같아."

"여기 제품명도 점자로 적혀 있어. 그럼 이전에는 제품명을 모르고 샀겠네. 라면인 것만 알고. 되게 불편하긴 했겠다."

아이들은 한 개인이 올린 영상이 높은 조회 수를 기록하고 나아가 기업 변화까지 끌어냈다는 사례에 흥미를 느꼈고, 자연스럽게 자신의 경험도 떠올렸습니다.

"유튜브 영상이 제품 디자인을 변화시켰다는 게 신기해. 생각해보니 개인 유튜브 채널에서 사회적 이슈를 다루는 경우를 자주 봤는데, 관심을 많이 받으면 실제로 변화가 생기기도 하나봐."

"요즘은 뉴스도 유튜브에 많이 뜨잖아. 얼마 전에 조회 수가 엄청 높은 뉴스가 있길래 클릭해봤거든. 나처럼 그 뉴스를 클릭하는 사람이 많아지면 계속 관심을 받을 테니까 컵라면 용기가 바뀐 것처럼 변화가 생기겠지."

아무 생각 없이 클릭했던 유튜브 영상도 여론 형성 과정이 될 수 있음을 어렴풋이 인지한 것 같기도 했죠. 매체가 여론 형성과 사회적 의제 설정에 영향을 미친다는 것을 알게 하자는 목표는 어느 정도 달성한 듯했어요.

왜 비판적으로 읽어야 해요?
[2차시] 생산자부터 이용자까지,
네 가지 요소로 뉴스 분석하기

매체와 사회적 의제의 관계를 알았으니, 이제 매체 자료를 비판적으로 분석하는 방법을 살펴볼 차례입니다.

생산자의 관점과 의도를 드러내는 방식은 매체 유형마다 다를 것입니다. 뉴스, 개인 방송, 영화 등 매체 유형에 따라 그 구성 요소가 다르기 때문이죠. 수업에서는 영상이 아닌 텍스트 기반의 뉴스 기사를 중심으로 활동을 구성했어요. 다양한 매체 자료를 아이들 스스로 찾고 분석하는 활동이라, 검색도 쉽고 여러 번 반복하며 살펴볼 수 있는 텍스트 기반 매체 자료가 시간 부담을 덜어줄 거라고 예상했죠.

아이들에게 대뜸 "비판적으로 읽자"라고 하면서 방법을 알려주기 시작하면 "아, 너무 복잡해요. 어려워요. 왜 그렇게 귀찮게 읽어야 해요?"라는 눈빛으로 저를 쳐다볼 것 같았어요. 평소 수업에서도 "주인공이 왜 그랬는지 생각해볼까?"와 같이 깊이 있는 사고가 필요한 질문을 하면, 제가 답을 말해주길 기다리고 먼저 생각해보기는 싫어했거든요.

비판적 읽기는 선생님이 답을 알려줄 수 있는 것이 아니라 학생 스스로 생각하고 찾아내야 하는 과정이라서 아이들의 의지, 주체성이 중요했어요. 그렇기에 비판적 읽기가 필요한 이유를 설득하는 과정이 꼭 필요하다고 생각했습니다. 아이들이 비판적 읽기가 자신의 삶에 필요하다는 것에 공감한다면, 귀찮고 힘든 사고 과정을 잘 견뎌낼 수 있을 테니까요.

기사를 읽기에 앞서 사회적 의제와 매체의 관계, 매체 자료를 비판적으로 분석하는 과정이 필요한 이유부터 설명했습니다.[2] 미디어가 특정 사건을 반복적으로 강조해서 다루면 수용자에게 사건의 중요성을 인식시킬 수 있다는 점, 주제에 관한 여러 측면 중 특정 측면을 선택하고 그 외는 배제할 수 있다는 점을 짚어줬어요.

○ 현실을 재현하는 미디어

- 미디어는 사건을 다룰 때 현실을 있는 그대로 보여주는 것이 아니라 특정한 이미지를 강조합니다.

- 예를 들어 시위 장면을 묘사할 때 시위대의 폭력성에 초점을 둘 수도 있고, 시위대의 요구나 주장의 정당성에 초점을 둘 수도 있죠.

- 또한 미디어는 특정 집단에 대한 편견과 고정 관념도 강화할 수 있어요. 특히 사회적 약자에 대한 부정적 묘사가 미디어를 통해 부각될 수 있습니다.

○ 미디어가 현실을 재현하는 대표적인 방식

- 어떤 주제를 선택할까?: **특정 사건(주제)을 반복, 강조하며 사람들이 해당 사건을 중요하다고 인식하게 하는 방식**

- 어떻게 주제를 다룰까?: **어떤 측면을 선택하고 배제할지 고려해** 주제의 다양한 측면 중 특정한 부분에 초점을 맞추는 방식

- 이처럼 **미디어는 제작자의 의도와 관점이 투영**되어 현실을 있는 그대로 보여주지 못해요.

비판적으로 분석할 매체 자료의 유형이 뉴스였기에 게이트키핑(뉴스 결정권자가 뉴스를 취사선택하는 일)에 관해서도 함께 다뤘습니다. 한 예능 프로그램에 소개된 보도국 회의 장면[3]을 활용했는데요, 이 장면은 언론이 어떤 기사를 보도할지 결정하

는 과정에 여러 요인, 특히 개인의 선택이 개입한다는 것을 잘 보여줍니다.

대사: 10시, 오후 2시 이렇게 두 번 알람이 울리고 각 부서의 팀장들이 모입니다. 그날의 편집 방향을 얘기하는 회의인데, 부서별로 당일 보도할 주요 이슈를 발제하면 편집 팀이 수많은 기사 중에서 뭐가 중요한 뉴스인지를 판단하는 그런 회의 자리라고 볼 수 있어요.

(화면) 센터장의 진행으로 회의가 시작됨. 정치 팀 팀장, 경제 팀 팀장, 사회 팀 팀장, 기후 환경 팀 팀장, 법조 팀 팀장이 발표하고 보도 방향을 논의함.

아이들은 중립적이고 믿을 만하다고 생각하는 대표적인 매체인 뉴스에도 여러 외부 요인이 개입한다는 점을 흥미로워 했습니다.

"저기 회의에서 선택 안 된 이슈는 아예 텔레비전에 못 나와요?"

"제외되거나 혹은 아주 짧은 시간 동안만 다뤄지겠지? 신문의 경우도 비슷해. 중요도가 낮다고 판단된 이슈는 작게 실리거나 제외될 거야."

"그럼 좀 억울할 수도 있는 거 아니에요? 중요한 문제인데 언론에서 다루지 않으면."

"맞지. 그래서 우리가 뉴스가 중요한 이슈를 제대로 다루고 있는지 잘 살펴봐야 하는 거야."

제목과 사진은 한 끗 차이!: 부실 급식 vs. 급식 노동

뉴스를 잘 보지도 않는 학생들인데, 기사를 비판적으로 읽게 하려면 어떻게 해야 할까요? 저는 학생들이 관심을 가질 만한 소재를 제시하기로 했습니다. 〈"수능 코앞 학생들 어쩌라고"…더 꼬인 아침급식 중단 사태〉[4]라는 뉴스였어요. 한 학교에서 급식 종사자와 학부모 사이의 갈등이 심화되어 결국 아침 급식을 중단하는 부분 파업이 장기화되고 있다는 내용이었죠. 뉴스 분석법을 다룬 자료집에 실린 여러 뉴스 중 길이가 짧고 내용이 쉽고 친근해 비판적 분석 방법을 연습하기에 적합했어요.

활동지는 생산자, 구성 요소, 의미 구성, 수용자 측면에서 제시한 개별 질문에 답하도록 구성했습니다.[5] 197쪽 표에 제시된 분석 요소와 분석 내용을 "이 뉴스를 작성한 사람은 누구인가요?" "이 뉴스의 발행 기관은 어디인가요?"와 같은 줄글 형태로 제시하고 답을 정리해보게 했어요. 분석 요소에 관한 설명은 간략히 하고, 수업 시간 대부분을 기사를 읽고 분석하는 데 썼습니다. 생산자의 관점과 의도에 따라 선택, 배제, 강조되는 내용을 어떻게 분석할 수 있는지 아는 것도 중요하지만, 그 방법을 실제 매체 자료에 적용해보는 경험이 더욱 중요하다고 생각했어요. 지식만 알고 적용할 줄 모른다면 매체 자료를 비판적으로 분석할 줄 모르는 것과 매한가지니까요.

여러 학급에서 "취재원이 누구예요? 기자를 말하는 거예요?" "뉴스 제목이나 시각 자료에서 강조되는 부분이 없는 것 같아요" "뉴스에 편견이나 고정 관념이 없는 것 같아요"와 같은 질문을 공통적으로 받았습니다. 기사를 유심히 살펴야 알 수 있는 내용이나 직접적으로 드러나 있지 않은 부분을 찾아내기 어려워한다는 것을 알 수 있었어요. 글의 표면이 아닌 이면에 숨겨진 정보를 해석하려는 노력을 해본 적이 없기 때문이겠죠. 예상했던 부분이지만 실제로 아이들이 어려움을 겪는 모습을 보니, 비판적으로 매체 자료를 읽으려면 어떤 방식으로 사고해야 하는지 더 구체적으로 알려주고 연습할 기회를 줘야겠다는 생각이 들었습니다.

분석 요소	분석 내용
생산자	뉴스를 작성한 사람, 발행 기관
구성 요소	뉴스 제목, 취재원, 시각 자료, 육하원칙에 따른 주요 내용
의미 구성	뉴스 제목이나 시각 자료에서 강조하는 내용과 핵심 내용, 뉴스에 포함된 편견이나 고정 관념
수용자	뉴스의 예상 독자와 뉴스의 주장에 관한 자신의 입장

취재원이란 기사 작성에 필요한 정보를 제공한 사람임을 설명하며, 더 넓게는 기사에 활용된 문헌 자료나 연구 결과가 될 수도 있다고 언급했습니다. 활용한 기사에는 학부모, 급식 노조, 교육청 관계자와 인터뷰한 내용이 언급되어 있었기에 정보를 제공한 사람을 누구로 밝히고 있는지 잘 찾아보도록 지도했습니다. 그래도 어려움이 있는 학생에게는 '~에 의하면' '~에 따르면'과 같은 구조의 문장에 주목해보라고 일렀습니다.

뉴스의 제목이나 시각 자료에서 강조된 부분을 잘 찾지 못하는 아이에게는 제공된 기사를 조금 바꿔서 어떤 차이가 있는지 비교해보도록 했습니다.

"기사 제목이 '깊어지는 학부모와 급식 종사자 갈등, 학교는 동동걸음만'이었다면 어땠을 것 같아?”

“기사를 처음 봤을 때 급식 종사자들이 잘못하고 있다는 생각은 안 들었을 것 같아요. 지금 기사 제목에서는 '수능 코앞 학생들 어쩌라고'라는 구절에 눈길이 가서 그런지 급식 종사자들이 학생들은 생각 안 하고 이기적으로 행동하는 것처럼 느껴졌거든요.”

“그럼 급식 종사자들의 노동 환경과 관련한 사진이 시각 자료로 함께 실렸다면?”

“급식 종사자들의 요구 사항이 더 와닿고 갈등 상황이 이해되었을 것 같아요. 지금은 부실 급식 사진만 있으니까 일은 제대로 안 하고 요구 사항만 얘기하는 것처럼 보이거든요.”

뉴스는 객관적이고 중립적일까?
(feat. 빅카인즈)
[3차시] 뉴스의 신뢰성, 타당성, 공정성 분석하기

3차시 수업에서는 앞서 다룬 기사를 신뢰성, 타당성, 공정성 측면에서 다시 분석하도록 했습니다.[6] 199쪽 표의 분석 요소와 분석 내용을 “작성자는 믿을 만한가요?” “주장을 뒷

분석 요소	분석 내용
신뢰성	작성자, 취재원, 인용된 자료, 취재 과정의 신뢰성, 작성자와 보도 대상의 이해관계 유무, 추측에 근거한 보도 내용 유무
타당성	뉴스의 주장 또는 결론, 주장(결론)에 대한 근거(이유)와 적절성, 주장을 반박할 다른 고려 사항
공정성	편향성 유무, 당사자의 입장 반영 유무, 사회적 약자와 소수자 입장 고려 유무

받침하는 데 적절한 근거인가요?" "해당 사안에 대한 당사자의 입장을 반영했나요?"와 같은 질문 형식으로 만들어 2차시와 유사하게 활동지로 제공하고, 기사를 읽으며 자신의 생각을 정리하게 했어요.

이전 차시와 같은 기사를 읽고 활동을 진행했기 때문에 활동 자체는 수월하게 진행되었으나, 모든 학급에서 반복적으로 나타난 어려움이 있었어요. 바로 뉴스의 주장 또는 결론을 찾는 것이었습니다. 뉴스는 객관적이고 중립적이라는 인식 때문이었죠.

소셜 미디어에서 출처 없이 유통되는 정보보다는 언론사에서 보도한 뉴스가 대체로 더 신뢰할 만할 것입니다. 하지만 오보도 있고, 특정 관점에 한정해 다루는 경우도 많아서 뉴스도 비판적으로 읽는 습관이 중요합니다. 객관적 사실, 사건이라도 어떤 태도로 전달하느냐에 따라 뉴스의 주된 결론이 달라질 수 있어요.

우리나라 주요 언론사의 보도 경향에 관해 알고 있는지 질문해보니, 아이들은 정치적 성향을 중심으로 보고 들은 이야기가 많았습니다. 이런 경험을 바탕으로 정치면 외에 다른 분야에서도 언론사마다, 기자마다 같은 사건을 다른 관점에서 보도할 수 있다고 이야기해줬죠.

뉴스 기사인데 왜 작성자가 믿을 만한지를 판단해야 하는지, 그 판단 기준이 뭔지를 묻는 경우도 많았습니다. 이 역시 뉴스의 객관성을 의심하지 않는 데서 오는 의문인 듯했습니다. 그래서 뉴스를 통해 주장을 펼치는 작성자가 언론사 기자인지, 그 기자가 쓴 기사 목록에서 해당 분야의 전문성이 드러나는지, 어떤 관점에서 사건을 다루는지를 기준으로 판단해보라고 안내했어요.

추운 날씨에도 학생들이 따뜻한 아침밥을 챙겨 먹지 못한다고 서술하거나 수능을 일주일 앞둬 예민한 고3 수험생에게 스트레스를 주면 안 된다는 비판을 인용한 부분을 중심으로 추가 질문을 던져보기도 했습니다. 급식 중단이라는 사건의 어떤 부분을 부각해 전달하는지 알게 하려는 의도였습니다.

기사를 읽은 사람이 어떤 집단을 옹호하고 어떤 집단을 비판할지도 생각해보도록 했어요.

질문을 거듭하니 아이들은 기사의 취재원, 삽입된 시각 자료, 활용된 표현 등 여러 부분에서 기자의 관점이 드러난다는 것을 조금씩 이해하기 시작했습니다. "기자는 아침 급식 중단 사태가 학생들에게 큰 피해를 주기 때문에 조속히 해결되어야 한다는 입장이다" "기자는 학부모와 급식 종사자의 갈등 때문에 학생이 피해를 입고 있는 상황을 부정적으로 생각하고 있다"와 같이 기자의 관점을 담아 답을 작성하면서 기사 내용을 요약하는 것에서 한 발짝 더 나아갔어요.

한편 공정성 차원에서는 많은 아이가 기사에 사회적 약자나 소수자에 대한 편견이 없다고 결론지었습니다. 누가 사회적 약자나 소수자가 될 수 있는가에 관한 인식이 부족하고, 기사에서 명시적으로 특정 집단에 관해 부정적으로 서술하지는 않았기 때문이었습니다.

그래도 일부 학생은 '학교, 노조, 학부모, 교육청 관계자의 입장이 기사에 모두 언급되어 있지만, 급식 종사자가 겪는 어려움이 학생과 학부모가 겪는 어려움만큼 상세히 제시되어 있지는 않다'고 지적했습니다. 기사에서 알 수 없는 내용이지만, 급식 종사자 중 비정규직이 많다는 배경지식을 활용한 학생도 있었습니다.

뉴스 기사에 비판적 분석 틀을 적용하는 연습을 마친 다음에는 빅카인즈에서 뉴스 기사를 검색하는 방법을 안내하고 실습했습니다. 아이들이 원하는 정보를 찾는 것을 어려워한다는 걸 잘 알기 때문이었습니다. 심화 탐구 활동을 지도하다 보면 검색 키워드를 생각하지 않고 문장으로 검색하는 학생이 제법 많았거든요.

빅카인즈 유튜브 채널의 안내 영상을 시청한 뒤 실제 홈페이지에서 어떤 버튼을 눌러야 하는지 단계별로 상세히 보여 줬고, 개인 기기로 직접 연습하면서 설명을 듣도록 했습니다. 기간, 언론사 설정, 정렬 기준 변경, 상세 검색 방법 등을 중점적으로 연습했어요. 연도별 기사량을 그래프로 확인한 다음 기사량이 폭증한 특정 시기를 중심으로 기사를 살펴보면 하나의 사회적 의제에 관한 다양한 관점이 더 분명하게 드러난다고도 부연했습니다.

자세히 안내했음에도 예상했던 대로 아이들은 기사 검색을 다소 힘들어했어요. 수업 목표는 매체 자료를 비판적으로 분석하는 경험을 하는 것인데, 검색에 많은 시간을 사용하면 의미 있는 경험을 얻기 어려웠습니다. 그래서 검색 과정을 포함해 수행평가의 단계별 활동을 안내하는 영상을 촬영해서 구글 클래스룸에 올렸어요. 수행평가 양식과 예시도 미리 공개해 아이들이 평가 당일에 해야 할 활동을 구체적으로 살펴볼 수 있게 했습니다.

생산자의 의도는 무엇일까?
[4차시] 하나의 의제를 바라보는 두 가지 관점 찾기

평가를 설계할 때 가장 고심한 것은 '사회적 의제를 다룬 매체 자료는 어떻게 선정해야 하느냐'였습니다.

사회적 의제라는 개념을 매체와 연결 지어 이해한 만큼 학생이 검색을 통해 스스로 사회적 의제를 발견하고, 그 문제와 관련한 매체 자료를 분석하는 것이 자연스럽다고 생각했습니다. 그러나 사회적 의제를 학생이 직접 선택하면 과제형 수행평가가 될 수 있어서 우려스러웠어요. 수행평가 활동 자체를 당일 공개하는 방향도 검토했지만, 1~3차시 수업에서 확인한 학생들의 성취 수준을 고려하면 시간 안에 의제 선정부터 기사 분석까지 모두 해내기 어려울 듯했습니다. 그래서 생각해 낸 절충안이 수행평가 활동지 양식과 예시는 먼저 보여주되 사회적 의제는 당일에 공개하는 방안이었습니다.

	자료 1	자료 2
기사 제목	'졸속 논란' AI 교과서… "1년 유예" 교육감들 건의도 '졸속'	'AI 교과서' 좌초 위기…교육계 혼란 우려
언론사/기자/작성일	《한겨레》 신소윤 기자/2025. 1. 7.	《세계일보》 김유나 기자/2024. 12. 25.
주요 내용 정리하기 **(기사의 구성 요소를 활용해 설명하세요.)** 〈**필수 요소**〉 - 주요 내용(육하원칙 최대한 포함) - 취재원 - 시각 자료 ※ 지난 시간의 뉴스 분석 틀 참고 가능!	**[주요 내용]** 전국시도교육감협의회가 12월 25일 교육감협의회에서 인공지능 교과서를 교육 자료로 규정하는 법안은 유보되어야 한다는 내용의 건의문을 초·중등교육법 개정안 통과를 앞두고 발표함. 개정안에 찬성 의견을 밝힌 교육감 의견은 반영하지 않고 졸속으로 건의문을 채택함. **[취재원]** 전국시도교육감협의회, 국회 교육위원회 소속 의원, 한국교원대 교수 **[시각 자료]** 2024년 인천디지털교육 페스티벌에서 한 선생님이 AI 디지털 교과서를 체험하고 있는 모습.	**[주요 내용]** AI 디지털 교과서를 교과서가 아닌 교육 자료로 규정한 초·중등교육법 개정안이 통과됨. 교육 자료가 되면 사용률이 떨어져 최종 가격이 올라갈 수도 있다고 함. AI 디지털 교과서 도입을 위해 투입한 예산이 매몰 비용이 될 수 있다고 함. AI 디지털 교과서 개발 업체는 손해가 막대하다며 소송도 불사한다고 함. 교육 자료로 규정할 경우, 자료 편차 및 개인 정보 보호 등 문제가 심화된다고 전국시도교육감협의회가 우려를 표함. **[취재원]** 교육부, 교육부 장관, 개발사 관계자, 전국시도교육감협의회 **[시각 자료]** 2024 대한민국 교육혁신 박람회에서 관람

| | | 객이 AI 교과서를 살펴보는 모습, 초·중등교육법 개정안 진행 과정 및 교과서와 교육 자료의 차이를 보여주는 표. |
| **사회적 의제에 관한 생산자의 관점과 의도**

〈필수 요소〉
- 표제(제목), 시각 자료, 내용 등에서 사회적 의제와 관련해 선정 & 강조된 내용

〈추가 요소〉
- 배제된 내용, 편견이나 고정 관념 | "'졸속 논란' AI 교과서"라는 제목은 AI 교과서 도입에 관한 부정적인 견해를 부각하고 있다.
또한 교육감협의회가 건의문을 발표하는 과정이 졸속으로 이뤄졌음에 주목해 교육부 장관과 교육감협의회가 개정안에 반발하고 있는 것도 긍정적으로 평가하지 않는다.
결정적으로 기사 말미에서 AI 교과서 추진 방안 도입 후에 혼란이 이어지고 있음을 언급하며 한국교원대 교수의 인터뷰를 제시했는데, 이는 정부가 AI 교과서를 전면 도입하려는 것에 대해 생산자가 부정적으로 평가함을 보여준다. | "'AI 교과서' 좌초 위기" "교육계 혼란 우려"라는 제목은 AI 교과서를 교육 자료로 격하하는 개정안에 관한 부정적 견해를 드러낸다.
또한 기사 내용 전반에서 개발사의 손해, 가격 상승, 사용률 저하 등 예상되는 문제점을 구체적으로 제시하고 있으며, 초·중등교육법 개정안이 특정 정당의 주도로 통과했다는 부분도 강조하고 있다.
교육감협의회도 디지털 교과서를 교육 자료로 규정할 경우 우려되는 부분을 밝혔다고 제시했다.
기사 전반에서 AI 교과서가 교과서 지위를 잃는 상황에 관한 우려를 강조하고 있다. |

이 표는 미리 공개한 수행평가 첫 번째 차시의 활동 예시입니다. 'AI 교과서 도입'이라는 사회적 의제를 다룬 두 관점의

기사를 비교, 분석해야 함을 강조하는 형태로 제시했어요.

평가 당일 공개할 사회적 의제 목록을 만들 때는《공통국어
1》에서 다루는 사회적 의제를 참고했고, 생성형 인공지능도
활용했습니다. 검색어를 고를 때 도움을 받을 수 있도록 일부
사회적 의제에는 세부 주제까지 제시했습니다. 시의성이 있으
면서 아이들의 삶과 관련된 사회적 의제를 다양하게 다루면
더 적극적이고 주체적으로 매체 자료를 읽어나갈 것이라고
생각했습니다.

학생들이 가장 많이 선택한 사회적 의제는 '기후 위기'였는
데, 관심이 있어서라기보다는 가장 쉽게 접근할 수 있는 익숙
한 주제여서 선택한 듯 보였습니다. 그다음으로 많은 학생이
선택한 주제는 '인공지능 기술과 일자리' '저출생' 'SNS 중독'
'생명 윤리'였어요. 최근 몇 년간 다양한 매체에서 꾸준히 다
루기도 했고, 아이들 입장에서는 자신의 미래, 진로와 연관성
이 깊은 주제였습니다. 아무도 선택하지 않은 주제도 있었어
요. 바로 '빅테크 독점' '학생 인권 조례 폐지' '플랫폼 노동자'
'공정과 정의'였습니다. 의제와 관련한 배경지식이 부족해 선
택을 꺼렸다고 봅니다.

아이들은 여러 사회적 의제 중 하나를 고르고 이와 관련된 기사 두 편을 선정해 주요 내용과 취재원, 시각 자료를 정리했습니다. 이 내용을 바탕으로 사회적 의제에 관한 생산자의 관점과 의도를 분석했어요. 기사를 탐색할 때는 가능한 빅카인즈를 활용하도록 했습니다. 또한 방송사의 영상 뉴스보다 텍스트 기반 기사를 선택하라고 안내했습니다.

기사 검색에 많은 시간을 쏟느라 정작 활동 목표를 달성하지 못한 아이가 많았습니다. 사설과 칼럼은 주장이 직접적으로 제시되어 있어 생산자의 관점과 의도를 파악하기가 지나치게 쉬웠고, 정책이나 제도 도입을 간략하게 다룬 스트레이트 기사는 기자의 관점이나 의도가 거의 드러나지 않아 비판적 분석이 어려웠기 때문이죠. 검색에 어려움을 겪는 학생이 참고할 수 있도록 사회적 의제별로 기사 몇 편을 링크로 제공해주면 하나의 보완책이 될 것입니다.

선택한 사회적 의제와 연관된 기사 중 객관적인 근거 자료와 기자의 관점이 함께 드러난 기사를 찾아 활동 의도에 맞게 비판적 분석을 수행한 학생들의 사례를 일부 재구성해 제시해 보겠습니다.

① 생명 윤리(조력 존엄사)

지훈이는 깊이 있는 사유가 돋보이는 학생으로, 자신의 삶과 수업 내용을 연결 지어 내면화하는 데 탁월합니다. 문학 수업 시간에도 삶의 의미를 고민하는 모습을 자주 보였죠. 나희덕의 시 〈땅끝〉을 읽고, 자신이 경험한 고통과 그 고통이 남긴 것을 진지하게 성찰하는 에세이를 작성한 적도 있어요. 그래서인지 여러 주제 중에서도 삶과 죽음의 문제를 다루는 '조력 존엄사'라는 세부 주제를 선정했더군요.

검색 과정에서는 기사의 표제를 중심으로 조력 존엄사 도입 법안과 관련해 서로 관점이 다른 기사 두 편을 의도적으로 골라냈어요. (가) 기사는 조력 존엄사, 호스피스, 완화 의료, 연명 의료 중단 등에 관한 응답자들의 인식을 정리한 한국보건사회연구원의 보고서를 다뤘습니다. 반면 (나) 기사는 조력 존엄사법 발의 후 나온 종교계와 의료계의 반발을 다뤘죠.

각 기사의 주요 내용을 토대로 지훈이가 정리한 생산자의 관점과 의도는 다음과 같았습니다.

(가) 〈"죽음의 고통 줄이고 싶다"…국민 82% '조력 존엄사'

합법화 찬성〉

이에스더 기자,《중앙일보》, 2025. 2. 23.

"국민 10명 중 8명이 조력 존엄사에 찬성한다"라는 표현을
사용하고 한국보건사회연구원의 보고서 내용 중 조력 존엄사
도입에 관한 긍정적인 반응을 중심으로 인용하여 조력 존엄사
합법화 필요성을 강조하고 있다. 실제로 약물 주입을 진행해야
하는 의사의 부담과 고충에 관한 언급 없이 조력 존엄사 도입에
관한 긍정적 측면에만 주목하고 있다.

(나) 〈'현대판 고려장' 존엄한 죽음 왜곡한 '조력 존엄사 법안'
　　다시 수면 위로〉

김아영·김수연 기자,《국민일보》, 2024. 7. 24.

"현대판 고려장" "죽음 왜곡"이라는 표제의 표현에서 조력
존엄사 법안에 관한 부정적 견해가 강조되고 있다. 생명문화학회
전 이사장, 의료윤리연구회 초대 회장, 종교계, 대한의사협회 등
다양한 취재원이 윤리적 문제를 제기하고 있음을 구체적으로
언급해 조력 존엄사 도입을 부정적으로 바라보고 있다.

209

지훈이는 (가) 기사에서 한국보건사회연구원의 보고서 〈미래 사회 대비를 위한 웰다잉 논의의 경향 및 과제〉를 취재원으로 꼽았습니다. (나) 기사에서는 한국기독교생명윤리협회, 조력 존엄사법을 발의한 의원 등 여러 취재원을 찾아냈죠. 또한 표제, 사용된 표현과 같이 기사 속 다양한 구성 요소를 근거로 들어 생산자의 관점과 의도를 도출하려고 시도했어요. 이 과정을 통해 매체 생산자에 따라 사회적 의제에서 부각하려는 지점이 다르다는 것을 파악했습니다.

② 인공지능과 일자리

선영이는 자신의 의견을 적극적으로 밝히지는 않지만, 매시간 차분하게 수업에 집중하는 전형적인 모범생입니다. 자기가 좋아하는 일은 뭐고, 잘하는 일은 뭔지가 가장 큰 고민인 아이기도 해요. 진지하게 진로를 생각하는 시기여서 그런지 인공지능이 일자리에 미치는 영향을 부정적, 긍정적으로 평가한 기사 두 편을 선정했습니다.

(가) 기사의 경우, 인공지능이 일자리에 미치는 긍정적 영향도 함께 다루기는 하지만 인공지능이 일자리 감소에 미치는 사례를 중점에 두고 있습니다. (나) 기사는 인공지능이 노동 생산성 증가에 긍정적 영향을 미친다는 점에 주목하죠.

(가) 〈프로그램? AI 시킬게…미국 개발자 일자리 27% 증발〉

김연주 기자,《중앙일보》, 2025. 4. 3.

표제인 "프로그램? AI 시킬게…미국 개발자 일자리 27% 증발"에서 AI가 일자리를 감소시킨다고 보는 관점이 드러난다. 미국의 IT 부문 실업률 증가, 국내 금융권에서 인공지능 도입으로 일자리가 감소한 사례, 화이트칼라 불황을 예측하는 노동 관련 연구회의 견해 등을 근거로 인공지능이 일자리에 부정적 영향을 미침을 강조한다. 다만 세계 경제 포럼의 보고서를 활용해 인공지능이 일자리 증가에 긍정적 영향을 미친다고 보는 입장도 있음을 함께 언급했다.

(나) 〈AI 도입 업종 생산성 증가율 최대 4.8배…"인구 감소국에 희소식"〉

신기섭 기자,《중앙일보》, 2024. 5. 21.

표제인 "AI 도입 업종 생산성 증가율 최대 4.8배…인구 감소국에 희소식"은 인공지능이 생산성을 높인다고 보는 관점을 담고 있다. 일자리의 인공지능 기술 영향을 분석한 한 보고서 내용을 근거로 들어 인공지능 도입이 노동자의 생산성을 높인다고 선영이의 분석에서는 표제에 쓰인 표현과 취재원이 제시한 연구 자료를 중심으로 각 기사가 강조하는 바를 찾아내려고 노력한 흔적이 엿보입니다. (가) 기사는 인공지능이 일자리 변화에 부정적인 영향을 미친다는 연구 자료 외에 다른 측면의 연구도 있음을 언급했지만, (나) 기사는 인공지능 도입의 긍정적인 측면만 주로 다뤘다는 점을 짚었죠. 기사에서 사회적 의제를 다룰 때 특정 입장만 강조하고 다른 입장은 배제할 수 있다는 것을 잘 포착했어요. 이런 경험이 바로 활동의 주요 목표였습니다. 그래야 매체 자료를 비판적으로 분석해야 하는 이유에 더 크게 공감할 수 있을 테니까요.

활동 중 아이들이 가장 많이 한 질문은 크게 두 가지입니다.

"제가 고른 주제와 관련해서 기사 검색이 잘 안 돼요."

"제가 고른 기사에는 생산자의 관점이나 의도가 없는 것 같아요."

기사 검색에 어려움을 겪는 아이에게는 검색어, 기간, 정확도순 정렬 등을 설정하는 방법을 다시 한 번 알려줬습니다. 그리고 표제, 부제, 전문을 통해 기사의 대략적인 관점을 파악하며 기사를 골라보도록 했습니다. 생산자의 관점이나 의도를 분석하기 어렵다고 질문한 아이에게는 2차시 수업 활동지의 질문을 참고하도록 했고, 표제나 시각 자료에서 선택되고 강조된 내용이 뭔지 분석하면 된다고 힌트를 줬습니다.

학생들은 생산자의 관점과 의도를 분석할 때 기사 내용을 단순히 재요약하기 쉽습니다. 교사가 기사의 표제, 취재원, 삽입된 시각 자료, 사용된 어휘 등 다양한 지점에서 생산자의 관점을 추측해볼 수 있음을 여러 번 강조해야 합니다.

주어진 프레이밍 너머로
[5차시] 사회적 의제에 내 생각 더하기

평가 두 번째 차시에는 첫 번째 차시에서 선정한 사회적 의제와 관련해 자신의 견해를 정리하도록 했습니다. 이후 자신의 견해를 뒷받침할 수 있는 자료를 고르고, 3차시 수업 시간에 살펴본 질문을 참고해 신뢰성, 타당성, 공정성을 검토하게 했죠. 이전 시간에 사회적 의제를 다룬 매체 자료를 탐색하면서 해당 의제에 대한 배경지식을 쌓았기에 그에 대한 자신의 견해도 제시할 수 있으리라 생각했어요.

자신의 견해를 뒷받침할 자료는 이전 차시에 탐색했던 자료 중 하나를 선택해도 되고, 혹은 새롭게 탐색해도 된다고 허용했습니다. 본래는 이전 차시와 다른 기사를 선정하도록 구성했지만, 수행 첫 시간에 과제를 너무 어려워해 급히 수정했어요.

다음은 첫 번째 수행평가에서 조력 존엄사를 사회적 의제로 선정한 지훈이의 두 번째 활동 사례입니다.

지훈이는 조력 존엄사를 허용해야 한다는 견해를 밝히며, 삶의 주인은 자신이므로 죽음의 방식 또한 스스로 선택할 수 있어야 한다는 이유를 들었습니다. "회복 불가능한 상태에서 고통 속에 사는 것은 오히려 인간의 존엄을 해치는 것"이라고 강조하며 "존엄사가 인간답게 삶을 마무리할 수 있는 권리"라고 주장했죠. 생명을 끊는 것 자체에 초점을 두기보다 환자와 보호자의 입장을 포함해 존엄사가 필요한 여러 맥락을 이해해야 한다고 설명했어요.

자신의 견해를 뒷받침하기 위한 자료로는 국민의 82퍼센트가 조력 존엄사 합법화에 찬성한다는 내용을 담은 (가) 기사를 제시했습니다. 사람들이 좋은 죽음을 맞이하기 위한 항목의 중요도와 관련한 질문에서 신체적 통증을 느끼지 않는 것, 가족이 자신의 병시중을 오랫동안 하지 않는 것 등을 우선 순위에 뒀다는 점을 언급했죠. 비판적 검토 과정은 아래와 같았습니다.

[신뢰성] 기사에서 제시한 설문 조사는 '한국보건사회연구원'이라는 믿을 만한 기관에서 시행한 것이며 작성자인 '이에스더 기자'는 보건복지부와 여성가족부, 식약처를 취재하는 언론사 복지 팀 소속 기자이므로 신뢰할 만하다.
[타당성] 조력 존엄사에 대한 국민들의 긍정적인 관점을 제시한 것은 설문 조사를 근거로 든 결론이므로 주장과 근거 사이의 논리적 관계가 타당하다.
[공정성] 조력 존엄사를 긍정하는 입장에 관해서만 주목하고 있기 때문에 조력 존엄사를 반대하는 입장이 반영되지 않아 공정성에는 미흡한 부분이 있다.

신뢰성을 분석할 때 단순히 기자이므로 믿을 만하다고 답하지 않고 기자의 전문성을 검증해본 과정이 보입니다. 기사의 주장과 근거 사이의 논리적 연관성이 타당한지 살펴본 점도 드러나죠. 공정성을 검토할 때는 선정한 사회적 의제와 관련한 이해관계자의 입장이 일부만 담겨 있다는 점을 잘 지적

했습니다.

비판이 아니라 '비판적 검토'

자신의 견해를 제시하는 부분에서는 많은 아이들이 지난 시간에 살펴본 매체 자료를 바탕으로 사회적 의제의 심각성을 주장하거나 특정 정책 또는 제도 도입의 필요성을 주장하는 방식으로 서술했습니다. 글쓰기를 단계적으로 진행한 것이 아니라 자신의 견해와 이유를 간단히 쓰도록 했기에 글의 논리성이 미흡한 경우도 많았습니다. 그럼에도 매체 자료의 비판적 분석 성취기준을 견해 표현 글쓰기 성취기준과 연결 지은 이유는 사회적 의제에 관한 자신의 견해를 형성하는 과정까지가 매체 자료의 주체적 수용이라고 생각했기 때문입니다.

아무래도 매체 유형이 기사로 고정되어 있다 보니, 비판적 검토 단계 중 신뢰성 항목에서는 다양한 답변을 기대하기 어려웠습니다. 생산자가 언론사에 소속된 기자라는 점, 기사에서 활용하는 자료의 출처나 취재원의 신원이 명확히 제시되어 있다는 점이 주로 언급되었어요. 공정성의 경우, 사회적 의

216

제와 관련해 한쪽의 입장만 제시하고 있다는 분석이 주를 이뤘습니다. 학생들이 가장 어려워한 부분은 타당성이었습니다. 생산자의 관점이나 의도를 주장(결론)과 연결 짓고 이를 뒷받침하는 근거가 충분하고 논리적인지 살펴보는 과정은 여러 단계의 추론적·비판적 사고를 요구하기 때문이죠.

아이들은 비판적 검토를 하면서 "선생님, 꼭 비판해야 해요?"라는 질문을 많이 했습니다. 무조건 그 기사의 부족한 점을 지적해야 하냐는 의도의 질문이었습니다. 저는 "아니, 비판적으로 '검토'해보는 거야. 검토 결과 신뢰성, 타당성, 공정성을 모두 갖출 수도 있는 거지!"라고 대답했어요. 논리적으로 근거를 들었다면 충분하다고 했죠.

마지막으로는 '뉴스' '매체 생산자' 등 단어 여덟 개를 제시하고 이 중 세 단어를 활용해 매체가 여론을 형성하고 사회적 의제를 만들어가는 과정을 자신의 말로 정리해보게 했습니다. 수업 시간에 썼던 활동지를 참고할 수는 있으나 그대로 적을 수는 없다고 안내했습니다.

아이들의 표현은 저마다 달랐지만, 매체가 사회적 의제 형성에 영향을 미친다는 점을 잘 이해했음은 확인할 수 있었어요.

- 대중 매체와 뉴스는 오랫동안 사회적 의제를 형성하는 주요

수단이었다. **매체 생산자**가 보도하는 내용이 **매체 수용자**에게 전달되고 의견이 모아지는 과정에서 **사회적 의제**가 설정된다. 하지만 최근에는 개인 방송과 SNS의 영향력이 커지면서 개인도 문제를 제기할 수 있게 되었다. 개인이 제기한 문제가 많은 이의 공감과 관심을 받아 뉴스 등에 보도되면 사회적 의제로 발전되기도 한다.

- **개인 방송**, **SNS** 등을 통해 매체 생산자가 자신이 중요하다고 생각하는 이슈를 전달하고 실시간 댓글이나 공유 등의 기능을 통해 수용자들이 **여론**을 형성하면 그 이슈가 공론화되어 사회적 의제가 될 수 있다.

남은 고민들: 뉴스를 '스스로 생각하며' 읽으려면

활동을 마무리하며 배우고 느낀 점이 뭐냐고 물으니, 하나의 사회적 의제에 다양한 관점이 있을 수 있다는 것을 알았다거나 기사라고 해서 무조건 다 신뢰해서는 안 된다는 것을 알았다는 이야기가 많았습니다. 이 수업의 목표가 매체 자료를 비판적으로 분석하는 것, 단순하게는 뉴스 기사를 '생각하면서 읽기'였음을 고려하면 다행이었죠.

다만 사회적 의제와 관련한 기사를 검색하는 과정에서는 챗GPT를 활용하려는 학생이 제법 있었습니다. 활동지를 사진으로 찍어 올리거나, 활동지의 질문과 기사 링크를 삽입해 질문하는 방식으로 검색 도구가 아닌 작문 도구로 챗GPT를 쓰려 했어요. 생성형 인공지능을 활용하는 것은 이 수업 목표와 맞지 않았습니다. 매체 자료를 비판적으로 분석하기 위해서는 일단 '스스로 생각'해야 하기 때문이죠. 생성형 인공지능에 자료를 비판적으로 분석해달라고 요구하고 답을 얻는 과정은 또다시 무비판적인 정보 수용으로 이어질 가능성이 높아요.

어떻게 해야 스스로 생각하고 분석하게 만들 수 있을까요? 결국은 기사를 검색해서 분석하는 과정이 아니라, 디지털 기기가 없는 상태에서 주어진 매체 자료를 분석하는 방안이 제일 적합했던 것일까요?

고민은 깊어졌습니다. 글을 쓰는 방식이 아니라 구술평가 방식이 수업 목표에 더 적합할 수도 있겠다는 생각도 들었습니다. 학생들 각자가 자신이 선정한 기사를 화면에 띄워두고 비판적 분석 결과를 발표하는 과정을 찍어 영상으로 제출한다면, 생성형 인공지능을 활용했더라도 재구성 과정을 거치며 스스로 생각할 기회가 주어지지 않았을까 싶었어요. 물론 이런 방식으로 평가를 진행하기 위해서는 모든 아이가 정해진 시간 내에 촬영할 수 있는 공간, 촬영을 위한 사전 교육 등이 필요할 것입니다.

또 매체에 관한 개념적 지식을 더 갖추고 수업을 설계했더라면 좋았겠다는 아쉬움이 남습니다. 학생들의 수업 활동을 관찰하고 활동 결과를 살펴보니 의제 설정 이론, 뉴스 기사 유형, 기사 분석 사례 등을 보다 깊이 공부하고 수업을 진행했다면 아이들의 혼란을 줄일 수 있었던 지점들이 보였어요. 학생들 수준과 수업 진도를 고려해 비판적 분석을 위한 예시 질문을 제공했지만, 스스로 질문을 도출해보게 하는 것도 의미 있었겠죠. 학생들이 자주 정보를 얻는 유튜브 개인 방송을 매체 자료로 선정했다면, 아이들의 삶과 훨씬 더 연관성 깊은 활동이 되었을 듯합니다.

새로운 교육과정과 함께 처음 도전한 매체 수업은 저에게도 아이들에게도 꽤나 어려웠습니다. 그럼에도 불구하고 비판적으로 매체 자료를 분석하는 수업은 방식과 수준을 조정하며 계속 시도하고 싶습니다. 끊임없이 나오는 새로운 미디어와 넘쳐나는 정보 속에서 주체성을 갖고 바르게 나아가기 위해서는 매체 문해력 수업이 꼭 필요하다고 보기 때문입니다.

"세상에는 생각보다 복잡하고 어려운 문제가 많다는 것을 알게 되었다" "앞으로 기사를 좀 더 많이 자주 읽어야겠다"라는 아이들의 자기 평가가 기억에 남습니다. 매체 자료를 비판적으로 읽기 위한 수업이었지만, 아이들에게는 사회적 의제 자체를 알아가는 시간이기도 했던 것입니다. 우리 사회에서 벌어지는 일들에 관심을 갖는 태도를 함께 길러줘야겠다는 생각이 들었습니다. 다양한 관점을 살피며 보이는 대로 보지 않고 들리는 대로 듣지 않는 법을 익혀나갔던 이 과정이 그 시작일 수 있겠죠.

✦ 뉴스 기사 읽기를 중심으로 매체 자료의 비판적 분석 방법을 살펴보고 직접 연습해봅니다.(2~3차시)

> 사회적 의제를 다룬 자료에는 생산자의 관점과 의도가 담겨 있습니다. 매체 자료에서는 생산자의 관점과 의도에 따라 특정 내용이 선택, 배제, 강조되므로 이를 비판적으로 바라보고 주체적으로 수용하는 자세가 필요합니다.

○ 〈"수능 코앞 학생들 어쩌라고"…더 꼬인 아침급식 중단 사태〉 기사를 읽고 아래 활동에 따라 뉴스를 분석하세요.

확인 사항	핵심 질문	분석 결과
생산자	• 이 뉴스를 작성한 사람은 누구인가요?	
	• 이 뉴스의 발행 기관(언론사 등)은 어디인가요?	
	• 생산자는 왜 이 뉴스를 만들었을까요?	
구성 요소	• 이 뉴스의 제목은 무엇인가요?	

	질문	
	• 이 뉴스는 육하원칙(누가/언제/어디서/무엇을/어떻게/왜)에 맞게 작성되었나요?	
	• 이 뉴스에 등장하는 취재원은 누구인가요?(이 뉴스 내용을 제공한 사람 혹은 단체는 누구인가요? 인터뷰가 포함되어 있다면 누구의 인터뷰인가요?)	
의미 구성	• 이 뉴스에 포함된 시각 자료(사진, 영상, 그래픽, 통계 자료 등)에서 강조하는 내용은 무엇인가요?	
	• 이 뉴스의 핵심 내용은 무엇인가요?(어떤 관점, 가치를 전달하나요?)	
	• 이 뉴스에 편견이나 고정 관념이 포함되어 있나요?	
수용자	• 누가 이 뉴스에 관심을 가질 것 같나요?	
	• 이 뉴스에서 제기한 주장에 동의하나요? 다른 사람들은 이 문제를 어떻게 생각할까요?	

	• 이 뉴스를 다른 사람들과 공유하고 싶나요? 그렇다면 왜, 누구와 공유할 것인가요?	
	• 작성자는 믿을 만한가요?	
신 뢰 성	• 취재원은 믿을 만한가요?	
	• 인용된 자료는 믿을 만한가요?	
	• 취재 과정은 믿을 만한가요?	
	• 작성자(언론사)와 보도 대상 사이에 이해관계가 있나요?	
	• 추측에 근거한 보도 내용이 있나요?	
타 당 성	• 뉴스의 주장 또는 결론은 무엇인가요?	
	• 주장(결론)에 대한 근거(이유)는 무엇인가요?	

	• 주장을 뒷받침하는 데 적절한 근거인가요?	
	• 주장을 반박할 다른 고려 사항은 없나요?	
공정성	• 한쪽의 입장이나 주장만 제시했나요?	
	• 해당 사안에 대한 당사자의 입장을 반영했나요?	
	• 사회적 약자나 소수의 입장을 고려하고 있나요?	

〈"수능 코앞 학생들 어쩌라고"… 더 꼬인 아침급식 중단 사태〉 기사	빅카인즈를 활용한 기사 탐색 방법

✦ 사회적 의제 목록에서 의제 하나를 선택한 후 관련 뉴스 기사를 서로 다른 언론사에서 찾고, 분석 기준에 따라 비교하세요.(4차시)

○ 작성하기 전 꼭꼭 확인합시다!

- 자신이 검색한 기사의 URL은 수행평가 종료 후 구글 클래스룸 과제란에 업로드하세요!
- 빅카인즈 플랫폼에서만 검색하고 탐색해야 합니다.
  (※ 뉴스 검색 방법은 구글 클래스룸 자료 참고)
  직접 조정해야 하는 항목: 검색어, 검색 기간, 언론사, 정렬 순서(정확도 순, 최신순 등)
- 제목에 '사설' '칼럼'이라고 적힌 것은 개인의 견해가 중심인 자료이므로 선택하지 않습니다.
- 텍스트로 이뤄진 기사를 선정합니다. (영상 뉴스 선정 X)
  기사 원문으로 들어가 시각 자료를 확인하세요.
- 두 자료의 관점, 입장이 상반되어야 하는 것은 아닙니다. 비슷한 견해를 이야기하더라도 근거 자료나 강조하는 지점이 다를 수 있습니다.

○ 사회적 의제 목록

- 기후 위기(식량 위기, 재해, 에너지 전환, 기후 정의, 기후 불평등, 기후 난민)
- 기술 발전과 환경 오염(데이터 센터 설립, 북극 항로 개척, 스타 링크 등)
- ESG 경영(그린워싱)
- 생명 윤리(유전자 조작, 뉴럴링크, 조력 존엄사)
- 빅테크 독점(디지털 플랫폼 독점, 반독점법, 공정 경쟁)
- 인공지능 기술과 교육, 인공지능 기술과 일자리
- 디지털 웰빙(SNS 중독), 허위 정보(가짜 뉴스, 필터 버블)
- 사회적 갈등(세대 갈등, 양극화), 저출생, 고령화
- 지방 소멸(지역 소멸, 수도권 집중), 디지털 격차, 청년 취업난, 사회적 참사
- 학생 인권 조례 폐지, 장애인 이동권, 난민 수용
- 이주 노동자(인권과 다문화 수용), 플랫폼 노동자, K-POP 산업
- 보호 무역주의(자국 중심주의, 관세 부과, 보호 무역)
- 공정과 정의(입시, 채용 공정성 등)

	자료 1	자료 2
기사 제목		
언론사/기자/작성일		
주요 내용 정리하기 **(기사의 구성 요소를** **활용해 설명하세요.)** 〈**필수 요소**〉 - 주요 내용(육하원칙 최대 한 포함) - 취재원 - 시각 자료 ※ 지난 시간의 뉴스 분석 틀 참고 가능!		
사회적 의제에 관한 **생산자의 관점과 의도** 〈**필수 요소**〉 - 표제(제목), 시각 자료, 내용 등에서 사회적 의제와 관련해 선정 & 강조된 내용 〈**추가 요소**〉 - 배제된 내용, 편견이 나 고정 관념		

✦ 지난 시간에 고른 사회적 의제와 관련해 자신의 견해를 밝히고 이를 뒷받침할 수 있는 객관적인 근거를 함께 제시하세요.(5차시)

○ 작성하기 전 꼭꼭 확인합시다!

- 사회적 의제에 대한 자신의 견해는 의제에 관한 긍정적/부정적 입장(혹은 문제의 심각성에 공감하거나 공감하지 않는 입장)을 의미합니다. 지난 시간에 선택한 의제와 관련한 기사를 탐색하면서 자신의 입장을 생각해봅니다.
- 자신이 선택한 근거 자료의 URL은 수행평가 종료 후 구글 클래스룸 과제란에 업로드하세요!
• 견해: 말하고자 하는 핵심 의견(예: 별점 평가제는 유지되어야 한다.)
• 이유: 의견을 갖게 된 원인(예: 소비자의 선택권을 보장하기 위해)
• 근거: 견해가 타당하다는 것을 뒷받침하는 자료나 사실(예: ~조사에 따르면~)

사회적 의제	
자신의 견해와 이유(줄글로 6문장 이상 적기)	

근거	자료명	
	출처	
	주요 내용	
	비판적 검토 (타당성, 공정성, 신뢰성 등)	

매체가 여론을 형성하고 사회적 의제를 만들어가는 과정을 아래 단어 중 세 개 이상 활용해 설명하세요.
(뉴스, 대중 매체, 개인 방송, SNS, 여론, 매체 생산자, 매체 수용자, 사회적 의제)

문학 시간에 영화 읽는 법

어떻게 설계하고 실행할까?
매체 문해력 수업의 실제

나와 세상을 잇는
영화 비평문 쓰기

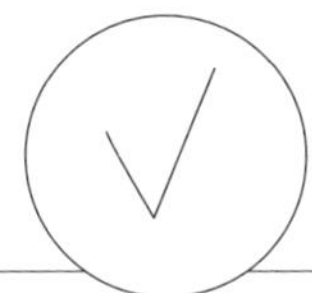

"선생님, 영화 보여주세요!"

예전에는 학기 말이 되어 수업 시간에 여유가 생기면, 학생들이 영화를 보자고 했습니다. 그런데 요즘은 개인 전자 기기를 갖고 있어서인지 그런 풍경이 사라졌어요. 작은 교실에 서른 남짓의 몸은 모여 있지만, 정신은 각자의 세계에 빠져 서로 떨어져 있죠. 제 학창 시절에는 종종 교실에서 하루 종일 영화를 봤습니다. 혼자서는 절대 볼 생각이 없는 공포 영화도 친구들과 담요를 뒤집어쓰고 봤던 기억이 생생합니다. 다 함께 영화를 보고 떠드는 것도 참 재미있는 추억인데 말이지요….

마침 문학 교과 수업을 준비하며 어떤 매체를 제재로 고를까 고민하던 저는 옛 추억이 떠올라 학생들과 같은 영화를 보고 다양한 이야기를 나누고 싶어졌습니다. 신문 기사 쓰기, 광고 만들기, 문학작품과 연계한 영상 시 만들기, 트렌드를 반영한 유튜브 활용 등을 뒤로하고 영화라니, 국어 시간에 흔히 다루는 유형의 매체인 것 같지만 막상 수업에 적용해보는 건 망설여지던 제재였죠.《문학》교과서에 시나리오도 있고 소설과 시나리오의 차이에 대한 활동도 있는데, 영화 자체를 읽는 활동은 그동안 시도해볼 엄두를 내지 못했어요. 교과서에 제시되어 있지 않은 제재, 아이들에게 익숙하지 않은 활동을 제안하기에는 부담이 컸기 때문입니다.

그럼에도 학생들과 소통하는 수업을 하고 싶은 마음이 컸고, 이제는 글보다 영상이 더 익숙하고 편한 세대인 학생들에게 영상 텍스트를 읽는 법을 가르칠 수 있다면 유의미할 것이라는 설렘도 있었습니다. 현재의 영상 세대는 정보를 검색할 때도 텍스트 기반의 웹 사이트가 아닌 동영상 플랫폼을 이용하죠. 온종일 영상을 소비하는 학생들의 모습을 심심찮게 볼 수 있습니다. 읽기의 대상이 글에서 영상으로 변화한 지금, 빠르게 지나가는 영상의 장면과 음악 등 모든 요소가 제작자의 의도대로 배치되었다는 점을 안다면 영상 세대인 학생들의 텍스트 독해 능력이 높아질 것이라 기대했습니다. 이렇게 '매체 문해력으로 영화 분석하기' 활동을, 평가 제목으로는 '영화 비평문 쓰기'를 올해 고등학교 2학년 문학 수업과 평가 활동에 들여왔습니다.

영화라는 텍스트

영화 비평문 쓰기 활동과 연관된 문학 교과의 성취기준을 다음 세 가지로 꼽아봤습니다. 저는 이 활동을 통해 학생들이 '영화를 다양한 관점에서 분석하기' '비판적·주체적으로 수용하기' '매체의 속성에 따른 표현 이해하기'를 수행할 수 있기를 바랐기에, 이 성취기준을 바탕으로 평가 계획을 작성했습니다. 영화는 시나리오를 영상으로 구현한 것이므로 이를 문학 텍스트의 일종으로 간주한다면 제가 선택하지 않은 성취기준이어도 활동과 연관 짓기에는 어려움이 없을 것으로 보입니다.

[12문학02-02] 작품을 작가, 사회·문화적 배경, 상호 텍스트성 등 다양한 맥락에서 이해하고 감상한다.

[12문학02-04] 작품을 공감적, 비판적, 창의적으로 수용하고 그 결과를 바탕으로 상호 소통한다.

[12문학02-06] 다양한 매체로 구현된 작품의 창의적 표현

방법과 심미적 가치를 문학적 관점에서 수용하고 소통한다.[7]

활동의 평가 요소 또한 성취기준을 바탕으로 했습니다. 학생들이 작성할 감상일지, 비평문 양식, 최종 평가와도 연관이 있어서 신중하게 고민했습니다. 영화 비평이기는 하지만 텍스트 감상 및 분석이라는 관점에서는 서평과 유사하기에 기본적으로는 서평 쓰기 활동의 평가 계획을 참고했습니다.

제가 근무하는 고등학교는 2학년이 열한 반, 338명입니다. 국어 교사 세 명이 학급을 나눠 가르치는 상황이라 동 교과 선생님들의 동의를 얻어야만 '매체 문해력으로 영화 분석하기'라는 수업을 할 수 있었는데요, 동 교과 선생님들께 기존에 진행하던 활동이 아닌 새로운 활동, 그것도 생소한 '매체 문해력으로 영화 분석하기'라는 활동을 제안하는 데 부담감이 있었습니다. 고등학교 국어과 특성상 혼자 한 학년 전체 수업을 담당하는 경우는 드물기에 동 교과 선생님들과의 의사소통에서 문제를 겪는 일이 많죠. 다행스럽게도 저희 학교 국어과 선생님들은 수업이나 평가에 있어서 새로운 의견을 제시해도 흔쾌히 수용해주시는 편이라, 걱정했던 것이 무색하게 단번에 문학 수업에서 영화를 텍스트로 읽는 활동을 하기로 결정되었습니다.

평가 내용	평가 요소
감상일지 작성 (5점)	① 인물, 사건, 배경에 관해 명확하게 분석했는가?
	② 영상을 보며 느낀 점과 생각을 잘 표현했는가?
	③ 주제와 관련된 자료 검색을 적절하게 했는가?
영화 비평문 작성 (10점)	① 영상의 주제와 내용에 관해 올바르게 이해했는가?
	② 연출을 작가의 의도와 관련지어 분석했는가?
	③ 영상에 담긴 내용을 비판적·주체적으로 수용했는가?
	④ 영상에 관해 주체적 관점으로 해석했는가?
	⑤ 자신의 창의적 관점이 담긴 글을 작성했는가?
	⑥ 글에 제시된 근거가 타당하고 설득력이 있는가?
영역 만점: 15점	

어떤 영화를 어떻게 읽을까: 한 학기 한 권 읽기처럼

다만 진정한 고뇌는 이제 시작이었습니다. '교사가 영화를 정해줘야 하나, 학생 개인이 선택하게 해야 하나?' '영화를 지정한다면 어떤 영화를 선정해야 하지?' '영화 선정의 기준은 뭘까?' '영화 비평문을 쓰라고 가르칠 때 어떤 요소를 포함해야 하지?' 호기롭게 영화 분석 수업을 하고 싶다고 했지만, 제 머릿속은 혼돈의 바다 그 자체였습니다.

그러나 물러설 곳이 없었습니다. 학기는 시작되었고, 첫 시간에 이미 문학 수업의 수행평가 중 하나는 '영화 비평문 쓰기'라고 공지해버린 탓이었죠. 일단 저지르면 미래의 내가 어떻게든 수습할 것이란 막연한 믿음의 결과였습니다. 그래서 이제는 수습의 과정이 펼쳐집니다.

먼저 평가의 제재인 영화를 교사가 선정해 모두에게 같은 영화를 보여주느냐, 학생 개인이 선택하게 하느냐를 고민했습니다. 영화 비평문 쓰기 활동은 처음 진행했기 때문에 한 학기 한 권 읽기로 진행되는 독서 활동을 떠올리며, 각 제재 선정 방법의 장단점을 꼽아봤습니다.

아무래도 인문계 고등학교라 학교생활기록부 기재 내용을 신경 쓰지 않을 수 없기에, 학생 스스로 본인의 삶이나 진로와 연관된 제재를 선택해 비평할 수 있도록 해야 하나 고민했습니다. 하지만 함께 같은 영화를 보고 떠드는 재미를 경험하고, 수업 시간에 작품을 충분히 감상하고 생각할 기회를 가졌으면 좋겠다는 생각이 더 커서 교사가 작품을 지정하는 방향으로 기울었습니다.

그러면 이제 어떤 작품을 선정할지에 대해 고민할 차례입

	작품 지정	작품 선택
장점	• 교사가 제재를 깊이 이해하고 이야기할 수 있음 • 작품 시청에 대한 걱정이 없음	• 선택의 자유가 있음 • 학생 본인의 삶, 진로와 연관된 작품 선택 가능
단점	• 작품 선정 기준에 대한 부담이 있음 • 본인의 삶, 진로와 연관되지 않아 학생이 흥미를 느끼지 못할 수 있음	• 작품의 질에 차이가 있을 수 있음 • 실제로 감상하지 않고 영화 리뷰를 찾아 쓰는 경우에 대한 우려가 있음 • 교사가 모든 영화를 알지 못함 • 수업 시간에 작품을 감상하는 데 한계가 있음

니다. 세부적인 작품 선정에 들어가기 전에 단편영화와 장편영화 중 무엇을 보여줄지부터 결정하기로 했습니다. 영화관에서 접하는 영화는 상영 시간이 90분 이상이죠. 200분 이상인 긴 영화도 있고요. 아무래도 영화관에서 상영된 영화여야 학생들이 제목이라도 들어봤고, 또 쉽게 접할 수 있을 테니 장편영화로 선정해야 하나 싶었지만, 마음에 걸리는 것이 있었습니다. 바로 수업 시간이 50분으로 제한되어 있다는 점이었어요. 수업 준비와 마무리 시간을 제외하면 실질적인 수업 시간은 40분 남짓이니, 그 이상 긴 영화는 감상 중 흐름이 끊기기

때문에 단편영화를 선정하는 쪽으로 마음을 정했습니다.

동시에 수업과 평가의 흐름을 구상했습니다. 단편영화를 본다면 수업 차시를 어떻게 구성할지에 대한 고민이었죠.

- 영화 장면을 통해 알아보는 영화 비평문의 요소 학습
- 단편영화 감상과 영화 비평문 읽기 학습
- 평가용 영화 감상 및 감상일지 작성
- 평가용 영화 감상 및 영화 비평문 작성

영화 비평문 쓰기 수업을 하기로 한 것과 어울리지 않게 평소 영화 감상 마니아는 아니었기에, 특히나 단편영화 분야는 잘 몰랐기에 작품 선정에 대한 부담이 있었습니다. 게다가 학생을 대상으로 수업 시간에 교육 활동으로 보여주는 것인 만큼 작품 선정 기준이 큰 고민거리였습니다. 나름대로 심사숙고한 끝에 정한 작품 선정 기준은 다음과 같습니다.

- 학생이 시청 가능한 연령 제한의 작품
- 학생이 장면의 특색을 찾아낼 수 있는 작품
- 학교에서 상영해도 저작권에 문제가 없는 작품
- 접근 가능한 플랫폼에 공개된 작품

연령 제한 문제는 당연히 고려해야 하는 기준이고, 교육 활동에서의 저작권 문제가 복잡해서 문제가 없는 작품을 고르고 싶었습니다. 또한 학생들이 스스로 영화를 다시 보며 깊이 있게 감상할 수 있으면 좋겠다는 생각으로 접근 가능한 플랫폼에 공개된 작품이라는 기준을 정했습니다.

우여곡절 끝에 만난 빛: 저작권과 전문성을 동시에, 한국영상자료원

어느덧 단편영화를 직접 찾아보며 영화를 골라내야 하는 시간이 왔습니다. 가장 큰 문제와 맞닥뜨렸습니다. 단편영화는 어디서 볼 수 있을까요? 이 문제로 꽤 골머리를 앓으며 여러 사이트를 전전한 끝에 알게 된 빛과 소금 같은 곳이 바로 한국영상자료원 홈페이지입니다. 별도의 회원 가입 없이도 공개된 작품을 시청할 수 있고, 공인된 기관이므로 저작권 문제에서도 자유로울 수 있습니다. 유튜브에서도 단편영화를 많이 살펴봤지만, 감독과 배급사의 동의를 얻어 업로드된 것인지 일일이 파악하기 어려웠기 때문에 제가 설정한 작품 선정 기준에 부합한다고 할 수 없었어요. 게다가 한국영상자료원의 경우, 〈2024 청소년 추천영화 33선〉[8]에서 소개하는 여러 작품을 감상할 수 있도록 지원하고 있어 영화를 선정하는 데 도움을 받을 수 있었죠.

이런 과정을 거쳐 제가 우여곡절 끝에 선정한 영화는 〈유월〉입니다. 해당 영화는 유튜브에서 영화를 찾던 중 알고리즘을 통해 추천받은 작품입니다. 한국예술종합학교 학생의 졸업 작품인데 워낙 완성도가 높아 다수의 영화제에서 수상했고, 유튜브에서도 2025년 11월 말 기준 조회 수가 735만 회를 웃돌고 있습니다.

> 한시도 몸을 가만두지 않고 춤추는 소년 유월은 어느 날 사립 초등학교에 발발한 집단무용증(a.k.a. 댄스바이러스)의 원흉으로 지목당하며, 질서에 목매는 담임 선생 혜림과 옆 반 선생들에게 추격당하기 시작하는데….[9]

〈유월〉의 주인공 유월은 한시도 몸을 가만두지 않고 춤추는 소년이고, 유월을 댄스 바이러스의 원흉으로 생각하며 추격하는 담임 교사 혜림은 질서에 목매는 강압적인 인물입니다. 학교를 중심으로 벌어지는 이들의 추격전과 깨달음이 교육적이면서도 청소년기를 보내는 학생들에게 깊은 울림을 줄 것이라 생각해 이 영화를 골랐습니다.

내용이 교훈적이면서도 지루하지 않고, 전체적인 상황을 이해하거나 장면마다 배치된 소품, 음악, 의상 등의 의미를 해석하기 어렵지 않아 학생들이 영화에서 말하고자 하는 바를 읽어내기에 좋을 듯했어요. 또한 한국영상자료원의 〈2024 청소년 추천영화 33선〉 목록에 있어 선택에 확신을 가질 수 있었습니다.

그러나 이것이 끝은 아니었습니다. 제가 초기에 구상한 수업에서는 평가용 영화 외에 영화 비평 요소 학습용 영화도 필요했거든요. 학습용 영화는 교사인 제가 비평 요소를 찾아내 소개할 수 있으면서도 앞서 언급한 영화 선택의 기준에 모두 부합해야 했기에 평가용 영화를 선정할 때보다 더 오랜 시간 고민했습니다. 이때 한국영상자료원의 〈2024 청소년 추천영화 33선〉 중 〈버거송 챌린지〉와 〈반장선거〉를 최종 후보에 올렸으나, 활동 구상 과정에서 학습용 영화를 함께 보며 영화 비평 요소 찾기 단계를 제외하면서 결국 학생들과 함께 감상하지는 못했습니다. 동 교과 선생님들과의 협의 끝에 이 활동은 세 개 차시로 진행하기로 했죠.[10] 완성된 차시 구성은 다음과 같습니다.

차시	단계	활동 내용	학습 목표
1	1	영화 비평이란 무엇인가	영화 장면을 통해 알아보는 영화 비평의 요소 학습
	2	평론가의 영화 해석: 이동진 평론가의 〈기생충〉 해석 영상 보며 비평에 관해 감 잡기	
	3	영화에 관한 다양한 해석: 〈기생충〉 비평문 요약본 세 편을 비교해 읽으며 관점의 차이에 따른 비평문의 방향 알아채기	
	더 알아보기	〈기생충〉 비평문 전문 세 편을 읽으며 비평문의 구조와 내용 학습하기	
2	1	영화 감상 전 질문	영화 감상 및 감상 일지 작성
	2	영화 〈유월〉이란	
	3	영화 감상 중 주목할 요소에 따라 영화 〈유월〉 감상하기(25분)	
	4	감상일지 쓰기	
	5	영화 비평문 계획하기	
3	최종	영화 비평문 쓰기	영화 감상 및 감상 일지 작성

감상과 비평의 차이는?

[1차시] 3인 3색 평론으로 다시 보는 〈기생충〉

1차시 영화 비평의 요소 학습 시간에는 평론가의 비평 관련 영상을 보여주고 싶었습니다. 여러 관련 영상을 찾아봤는데 아무래도 비평이라는 단어가 주는 무게감이 있어, 대중적인 인지도가 가장 높아 학생들도 알 만한 이동진 평론가의 평론 관련 예능 영상[11]을 준비했습니다. 〈기생충〉 장면을 분석하는 지식 탐구 예능 프로그램에서 영화 평론가, 건축가, 물리학자가 각기 다른 관점으로 영화를 해석하는 것이 흥미로웠는데요, 학생들도 이 영상을 통해 영화 비평에 필요한 자신만의 '관점'이라는 게 무엇인지 명확히 알 수 있을 거라고 생각했습니다.

〈기생충〉을 비평 학습의 제재로 삼은 것은 우선 평론가의 해석 영상이 있어서였지만, 아울러 고등학교 2학년이 관람할 수 있는 데다 유명한 장면들이 있어 혹여나 시청하지 못한 학생들도 이해할 수 있으리라 여겼기 때문입니다.

대망의 첫 시간, 학생들이 교실에 들어서는 저를 반짝거리는 눈으로 바라보며 외쳤습니다.

"선생님, 오늘 영화 봐요?"

이동진 평론가의 영화 〈기생충〉 해석 영상. 초반에 장항준 감독과 함께 〈기생충〉 촬영지를 방문하는 예능적 요소가 있어 학생들이 흥미롭게 시청했습니다.

영화 비평문 쓰기 활동은 수행평가이기에 이미 일정과 차시별 활동이 공지되었음에도 학생들은 영화를 본다는 것만 기억하고 기대하고 있었습니다. 아쉽게도 1차시는 영화 감상 시간이 아니었지만 그래도 예능을 본다는 소식에 설렘이 유지될 수 있었습니다.

영상을 감상하기 전 "우리나라에서 가장 유명한 영화 평론가는?" 하고 질문하니 예상대로 학생들은 열이면 열, 이동진 평론가를 외쳤어요.

저는 영화 비평에 관한 간단하면서도 중요한 사실을 짚어 줬습니다. 영화 감상과 영화 비평의 차이를 알려주고, 비평을 해야 하니 '무슨 사건이 일어난 영화다' '재미있다'라는 식의 단순 정리와 느낌을 넘어서는 생각이 필요하다는 것을 강조했습니다. 줄거리 요약에 그치지 않고 인물의 행동, 사건에 담겨 있는 '의도'를 파악하는 것이 중요하다고 설명했어요. 그 차이를 학생들이 직접 느낄 수 있도록 세 분야의 전문가가 각각 어떤 관점에서 영화를 해석하는지 살펴보라고 안내했죠.

영화 속 장면과 현실의 연결 고리 보기

이 영상에서 이동진 평론가는 영화 속의 인상적인 장소로 터널을 꼽습니다. 영화에서 일반적으로 쓰이는 터널은 멀리 보이는 출구의 작은 빛으로 희망을 암시하죠. 그런데 봉준호 감독이 즐겨 사용하는 '출구가 보이지 않는 터널'은 휘어져 있어 출구의 밝은 빛이 존재하지 않기에 절망적인 상황을 시각적으로 그려낸다는 것입니다. 학생들은 이런 해석들을 바탕으로 영화 속 장면에서 의미를 찾아내는 과정을 쉽게 이해했습니다.

저는 활동지로 평론가가 영화의 어떤 장면에 주목했는지, 영화 속 상황을 어떤 사회적 현실과 연결했는지, 단순 감상이 아닌 비평이라고 생각이 드는 부분은 무엇인지 물었어요. 이 활동에서 나준이는 이동진 평론가가 물의 흐름을 소통의 흐름과 연결해서 해석한 것이 인상 깊었다고 답했습니다. 폭우가 쏟아지던 날 물이 아래로 흘러 반지하인 기택의 집이 침수되는 장면, 그리고 윗집에서 와이파이를 끊으면 반지하에 사는 기택이 인터넷을 사용할 수 없음을 보여주는 장면으로 물의 흐름이 소통의 흐름, 가난의 흐름으로 연결된다는 점을 처음으로 인식할 수 있었다고 합니다.

한편 건축가 유현준은 건축학적 관점에서 영화를 해석합니다. 반지하의 구조적 의미와 휴전 국가인 우리나라만의 반지하 정책에 담긴 의미, 기택이 박 사장 집에 들어서기까지 거쳤던 여러 관문에 관한 의미 등을 짚죠.

물리학자 김상욱은 과학적 관점에서 의견을 제시해요. 영화와 우리 사회에 있는 위와 아래라는 권력 차는 지구에 중력이 존재하기에 생겼으며, '기생충'이라는 제목엔 종이 다르기에 경계를 절대 넘어설 수 없다는 뜻이 담겨 있다고 이야기합니다.

이처럼 평론가가 영화의 장면에 담긴 의미를 해석하는 내용, 전문가가 자신의 전공 분야에 따라 영화를 해석하는 내용을 통해 학생들이 영화를 바라보는 관점의 차이를 알아채길 바랐는데요, 활동 후기에서 이 활동이 도움이 되었다는 답변이 많았던 것으로 보아, 비평 요소 학습에 적합한 제재였다는 생각이 듭니다.

다음으로는 〈기생충〉에 관한 여러 평론가의 비평을 활용한 활동지를 제시했습니다. 〈기생충〉은 세계적으로 아주 많은 비평이 이뤄졌는데, 접근성이 좋다는 점과 영화인들에게 검증되었을 것이라는 믿음으로 영화 잡지 《씨네21》 홈페이지에서 검색할 수 있는 글 중 세 편을 골랐습니다.[12] 선정 기준은 학생들이 영화 비평문이 어떤 글이며 어떤 구조로 이뤄져 있는지 파악하고, 세 편의 차이를 명확하게 느낄 수 있는지였어요. 각 비평문에 드러난 관점 차이를 보며 비평문에는 자신만의 관점이 담겨야 한다는 것을 이해하게 하려는 의도였습니다. 저는 각 비평문에서 글쓴이의 관점이 잘 드러나는 부분을 발췌해 요약표를 제시했습니다. 특히 핵심적인 내용에 밑줄을 그어 학생들이 해당 부분만 읽더라도 세 비평문의 차이가 느껴지도록 했습니다.

우선 1번 글과 2번 글이 같은 시퀀스를 어떻게 분석하는지 보여주며, 영화를 바라보는 두 글의 관점 차이를 설명했습니다. 1번 글은 '영화 속 상징 분석 중심'으로, 주인공 가족이 공간의 구조와 계급의 수직적 구조를 연결하는 계단을 내려가 반지하 집으로 돌아가는 장면에서 비를 맞는 상황이 비참한 현실을 상징한다고 봅니다. 2번 글은 '장면 및 감정 분석 중심'

으로, 폭우 속 하강 시퀀스를 접한 관객이 상징으로 얽힌 장면들에 현실이 투사되어 있음을 깨닫는 순간 느끼는 무서운 감정을 포착하죠.

'공간과 사회 구조 분석 중심'인 3번 글에서는 영화 속 반지하 공간이 국가 정책과 사회 제도의 결과물임을 짚은 부분을 인용해 또 다른 방향의 관점을 느낄 수 있도록 했어요. 세 번째 비평문을 읽은 한 학생은 활동 직전에 학습한 소설《난장이가 쏘아올린 작은 공》과 〈기생충〉을 연결 짓기도 했습니다. 수업을 준비하며 이 작품과 연계해 생각해볼 만하다고 여겼는데, 교사가 말을 꺼내기도 전에 "사회 구조적 문제로 인한 가난이라는 점이《난쏘공》이랑 비슷한 것 같아요"라고 말하는 학생이 있어 놀랐습니다.

평소 학생들이 비평문을 읽기 힘들어했기에 "너희에게 이 비평문 수준의 글을 요구하는 것이 아니다. 제시한 글들은 전문 평론가의 글이고 비평문에 관한 학습 자료니 부담 갖지 말고 비평문의 구조와 글쓴이의 생각, 관점을 파악하는 데 초점을 두고 읽자"라고 여러 번 강조했습니다. 자칫 본격적인 쓰기 활동 전에 의욕이 저하될 위험이 있었기 때문입니다.

활동지 뒷장에는 비평문 전문을 '더 읽기 자료'로 제공했습니다. 수업 시간에 함께 분석하며 다루지는 않았어요. 요약문을 통해 느낀 관점의 차이가 글로 어떻게 구현되는지 궁금한 학생들이 추가적으로 학습할 수 있도록 했습니다.

다행스럽게도 모든 학생이 활동 후 소감에 1차시 수업을 통해 비평에 관해 이해할 수 있었다고 응답했습니다. 특히 세진이가 저를 찾아와 이런 말을 했을 때 이 활동의 의의를 크게 느꼈습니다.

"선생님, 저 예전에 〈유월〉이 유튜브 알고리즘에 떠서 봤어요. 그땐 사람들이 댓글에 써놓은 해석을 읽고 '그렇구나' 하고 넘어갔는데, 저만의 관점이나 영화의 요소를 생각하면서 다시 보니까 완전 다른 영화처럼 느껴졌어요."

세진이 외에도 이 영화를 이미 봤거나 알고 있다며 반가워하는 아이가 몇 명 있었는데, 모두들 깊게 생각하며 본 것은 이번이 처음이라 다르게 느껴졌다는 말을 했습니다. 감상과 비평의 차이를 살펴보고, 예능을 통해 관점에 따른 해석의 차이를 이해하고, 평론가의 글을 읽으며 비평문의 구조와 요소에 관해 공부하는 단계별 학습이 사전 활동으로 효과적이었다는 생각이 듭니다.

[2차시] 단편영화 〈유월〉 감상일지 쓰기

드디어 영화를 감상하는 날. 영화를 본다는 설렘과 평가라는 긴장감에 교실의 공기가 팽팽해졌습니다. 아이들의 기대를 한껏 받았던 〈유월〉의 상영 시간은 25분이었어요. 영화가 끝나고 남은 시간은 50분 수업 중 20분 남짓이었죠.

그래서 활용한 것이 바로 감상일지입니다. 기존 국어 수업에서도 독서 활동을 하면 감상일지를 작성하도록 했습니다. 독서 감상일지는 학생들이 읽은 내용을 정리하고, 새로 알게 된 점과 궁금한 점을 기록해 독후감이나 서평 등을 작성할 때 참고할 수 있도록 만들었는데요, 영화 감상일지에는 학생들의 감상과 비평 방향에 관해 도움을 줄 수 있는 정보를 담으려고 했습니다. 처음 보는 영화의 의미를 해석하고 자신만의 관점으로 날카로운 비평문을 작성하는 것은 사실 어른도, 전문가도 쉽지 않은 일입니다. 영화를 보여주고 '자, 이제 써봐!'라고 무작정 평가지를 들이밀 수는 없었어요. 학생들이 처음 보는 영화를 감상한 후 비평까지 해내기가 어려울 것을 우려해, 영화를 해석하는 데 도움이 되는 질문을 제시하려 한 것이죠.

질문을 만들려면 제가 미리 영화를 보면서 학생들의 감상

내용	'유월'은 어떤 인물인가요?
	'혜림 선생님'이란 인물은 성격이 어떤가요?
	영화 전개 속에서 인물의 태도나 표정, 행동은 어떻게 변하나요?
	'댄스 바이러스'는 무엇을 상징할까요?
	'학교'와 '교실'은 어떤 분위기로 그려지고 있나요?
	영화 말미의 '운동장'은 어떤 의미로 그려지고 있나요?
	작품의 주제는 무엇인가요?
	주제가 잘 드러난 장면은 무엇이며, 그렇게 생각한 이유는 뭔가요?
언어	인물의 감정이나 분위기를 표현하는 방법은 무엇인가요?
	장면 전환, 음악, 조명, 의상 등은 어떤 역할을 하나요?
	이것들은 장면의 분위기를 형성하는 데 어떤 효과가 있나요?
재현	특정 인물이나 사회 집단을 그려내는 방식이 관객에게 어떤 메시지를 전달하고 있나요?
	특정 고정 관념을 반영하거나 비판하는 방식으로 그려낸 장면이 있다면 어떤 장면이고, 그 효과는 무엇일까요?
제작자	감독의 제작 의도는 무엇이며, 이것은 영화의 주제나 연출 방식과 어떤 관계가 있을까요?
수용자	영화가 관객인 '나'에게 주는 구체적인 메시지는 무엇인가요?
	자신의 상황 또는 경험을 바탕으로 알려주세요.
	영화와 자신과의 연관성이 있다면 어떤 점일까요?

251

<table>
<tr><td rowspan="3">상호
텍스트</td><td>주제나 표현 방식이 유사한 영화나 문학작품이 있을까요?</td></tr>
<tr><td>소재, 주제, 연출 기법 등에서 어떤 유사점이나 차이점이 있을까요?</td></tr>
<tr><td>다른 영화와 비교했을 때 이 영화만의 차별점은 무엇일까요?</td></tr>
</table>

영화 감상 중 주목할 요소

과 비평 활동에 도움이 될 만한 장면들을 찾아야 했기에 〈유월〉을 반복해서 시청했어요. '이 장면에서 학생들은 어떤 생각을 할까?' '이 장면은 어떤 의미로 해석할 수 있을까?' '이 장면에 쓰인 음악은 어떤 의미를 지닐까?' 일시 정지 버튼과 뒤로 가기 버튼을 수없이 누르며 학생들이 영화의 의미를 찾아낼 수 있도록 이끄는 질문들을 마련하려고 했습니다.

활동지는 20가지 질문 중 자신이 답할 수 있는 질문을 자유롭게 고르거나, 스스로 만든 질문에 답하도록 구성했어요. 영화 감상 중 주목할 요소에 관한 질문에 답하는 과정에서 자신의 시선이 담긴 비평문의 개요가 자연스레 나올 수 있게 설계했습니다.

2차시는 25분 동안의 영화 감상과 5점 배점의 감상일지 작성이 이뤄지는 본격적인 평가의 시작이었기에 긴장된 마음으로 수업 종이 울리기 전부터 교실에서 평가를 준비했습니다. 먼저 활동지를 배부한 뒤 활동지 작성 요령, 영화에 관한 기본 정보를 공지했습니다. 영화에 대사가 거의 없으며 '춤'이 중요한 기능을 하기에 감상 전 "몸으로 표현하는 감정에는 어떤 것들이 있을까요? 말 대신 춤이나 행동으로 자신의 감정을 드러낸 경험이 있다면 적어보세요"라는 질문으로 힌트를 줬어요.

그렇게 영화의 시작을 알리는 음악 소리와 함께 유월이의 눈동자 댄스로 첫 장면이 시작되었습니다. 학생들이 소리 내 표현하지는 않았지만, 그 당혹감이 고스란히 전해졌어요. 영화가 대부분 대사 없이 전개되니 아이들도 침묵 속에서 부지런히 눈과 손을 움직이기만 했습니다.

스스로도 놀란 것은 활동 전에 열 번도 넘게 감상한 영화인데도 활동 중 학생들과 함께 교실에서 보니 새롭게 느껴지는 장면들이 있었다는 점입니다. 단편영화이기에 짧게 스쳐 지나가는 모든 장면과 대사, 인물들의 눈짓에도 하나하나 의미가 담겨 있다는 생각이 들었습니다.

‘영화 감상 중 주목할 요소’를 질문 목록으로 제시한 것이 영화 비평의 방향을 설정하는 데 도움이 되었다는 학생들의 활동 후기가 많았습니다. 질문 중에서도 “'댄스 바이러스’는 무엇을 상징할까요?”는 대다수 학생이 영화를 이해하고 분석하는 데 유용했다고 이야기했어요. “'학교’와 ‘교실’은 어떤 분위기로 그려지고 있나요?”와 “영화 말미의 ‘운동장’은 어떤 의미로 그려지고 있나요?”도 도움이 되는 질문으로 꼽혔습니다. 이 질문들은 장소와 소재의 의미에 관해 생각해볼 수 있는 기회를 제공하기에 학생들이 영화 장면을 해석할 때 활용하기 좋았을 것입니다.

이 외에 “'유월’은 어떤 인물인가요?” “'혜림 선생님’이란 인물은 성격이 어떤가요?”라는 질문에도 많은 학생이 도움을 받았다고 응답한 것으로 보아, 학생들이 영화를 분석할 때 인물 중심으로 분석하려 한다는 것을 알 수 있었습니다.

아무래도 줄거리가 있는 이야기라는 점에서 소설을 분석하듯 영화도 인물, 사건, 배경을 중심으로 분석하는 것이 가장 친숙했으리라는 생각이 듭니다. 이는 문학 수업 시간에 영화를 읽는다는 점에서는 유의미했으나, 매체 문해력을 신장시키려는 목적이라면 언어와 카메라의 시선, 재현 방법 등에 관한 질문도 선택하게 해서 영화의 내러티브(연출, 음향 등 이미지와 사운드로 조직된 이야기)를 살펴볼 수 있도록 해야 할 필요가 있겠다는 생각이 들었습니다.

다음 단계는 인물·사건·배경 중심으로 영화 줄거리를 요약하고, 영화 감상 중 만들거나 앞에서 고른 질문과 이에 대한 답변을 작성하는 것이었습니다. 문장 수에 제한을 두지 않으면 각 학생의 답안 작성량이 크게 다를 수 있어 인물, 사건, 배경을 각 세 문장씩 쓰라고 했는데 시간이 여유롭지 않았던 터라 이 부분을 학생들이 많이 힘들어했습니다. 결국 한 반에서 시행해보고 나서, 교과 협의를 통해 각 한 문장으로 줄였습니다. 질문에 대한 답변은 자신의 생각이 구체적으로 드러나야 했기에 세 문장 기준을 유지했습니다.[13]

마지막 단계는 3차시의 최종 비평문을 작성하기 전에 학생 스스로 개요를 작성하는 활동입니다. 서론의 '영화 줄거리 요약 및 소개', 본론의 '내용 요소 분석'(257쪽 참조)은 각각 직전 단계의 '줄거리 요약'과 '질문과 답변'에 해당합니다. 추가로 적어야 하는 부분은 본론의 '자신 또는 사회와의 연결', 결론의 '최종 평가 및 소감'이죠.

	질문	답변
내가 고르거나 만든 질문에 답하기	영화 전개 속에서 인물의 태도나 표정, 행동은 어떻게 변하나요?	혜림 선생님은 영화 초반에는 학생들을 억압하는 엄한 성격이지만, 후반에는 감춰왔던 자아를 찾아 춤으로 자신의 마음을 표현하고 학생들과 함께 웃는다.
	'댄스 바이러스'는 무엇을 상징할까요?	댄스 바이러스는 현대 사회의 억압을 깨뜨리고 진정한 자아를 찾는 방법이다.
	다른 영화와 비교했을 때 이 영화만의 차별점은 무엇일까요?	인물들의 대사가 거의 없이 춤과 행동으로 감정을 표현하는 점이 특이하다.

위 표는 나연이가 작성한 내용을 정리한 것입니다. 교사가 제시한 질문 목록에서 고른 질문에 답을 하고, 이를 바탕으로 개요를 작성하는 흐름을 볼 수 있습니다.

이 단계에서는 개요를 작성하는 것에 의의를 뒀기 때문에 분량 기준 없이 작성만 하면 평가에서 감점하지 않았습니다. 서평 쓰기 활동을 할 때도 이렇게 개요를 작성하는 시간을 제공하면 글의 내용이 좋아졌기에 글쓰기 활동 전 적극 추천하는 단계입니다.

1문단	서론	영화 줄거리 요약 및 소개	유월이 댄스 바이러스를 전염시키며 경직된 사회의 모습을 바꾼다.
2~ n문단	본론	내용 요소 분석 (질문과 답변)	혜림 선생님은 영화 초반에는 학생들을 억압하는 엄한 성격이지만 후반에는 감춰왔던 자아를 찾아 춤으로 자신의 마음을 표현하고 학생들과 함께 웃는다.
			이 영화는 일반적인 영화와 달리 인물들이 춤과 행동으로 감정을 표현하는 점이 특이하다.
		자신 또는 사회와의 연결	영화 초반의 경직된 교실과 반항하지 못하는 학생들의 모습은 진정한 자아를 잃은 채 억압된 사회를 살아가는 현대인의 모습을 그려낸 것이다.
마지막 문단	결론	최종 평가 및 소감	현대 사회의 억압으로 인해 자신의 내면을 표출하지 못하는 사람들에게 진정한 자아를 찾으라는 메시지를 남기는 영화라는 생각이 든다.

활동을 마친 뒤에는 감상일지를 걷었습니다. 평가를 위해 시간 안에 필수로 작성해야 하는 질문들이 있어서 평가지를 걷어 스캔해 보관하다가 3차시에 다시 배부해 비평문을 작성할 때 참고할 수 있도록 했습니다.

　　2차시는 학생들이 전반적으로 시간이 부족했다는 반응을 보였습니다. 아무래도 단편영화라 모든 장면에서 눈을 뗄 수 없이 빠르게 전개되다 보니 영화가 상영되는 25분간은 감상일지를 작성하기 힘들었던 것 같았습니다. 무리 없이 감상일지를 작성한 학생들은 영화 시청 중에도 간단하게 필기를 한 경우가 많았습니다.

　　교실에서 영화를 재생할 때는 한국영상자료원 사이트를 이용했습니다. 유튜브 플랫폼은 언제 광고가 재생될지 모르는 위험이 있기 때문입니다. 대신 2차시 활동 후 주말에 학생 스스로 영화를 감상할 수 있도록 접근이 쉬운 유튜브 링크를 클래스룸으로 제공했습니다.

재현에서 상호 텍스트까지
[3차시] 여섯 가지 요소 담아 최종 비평문 쓰기

　　최종 비평문 쓰기는 주말을 보내고 난 첫 시간에 이뤄지도록 일정을 정했습니다. 단순히 학생들을 변별하기 위한 평가가 아니라, 학생들이 영화에 대해 더 깊이 생각하고 고민해보며 좋은 글을 쓰는 시간이 되기를 바랐기 때문입니다. 또한 열한 개 학급이 동시에 영화를 시청할 수 없는 상황이기에 먼저 시청한 학급과 나중에 시청한 학급의 차이를 고려하지 않을 수 없었습니다. 그래서 2차시 활동을 마무리할 때 감상 일지에 적은 내용과 최종 비평문의 내용이 서로 달라도 괜찮다고 했습니다. 주말에 혼자 감상하면서 다른 생각이 들 수도 있기 때문이었습니다.

마지막 차시인 최종 비평문 쓰기 단계에서는 학생들이 지난 시간에 작성한 감상일지를 나눠줬습니다. 그리고 음량을 작게 설정해 영화를 한 번 재생했습니다. 혹여나 2차시에 영화를 집중해서 감상하지 못한 학생이 있다면 기억나지 않는 장면을 떠올릴 기회를 주고, 집중해서 감상한 학생이라면 미처 발견하지 못한 점이나 새로운 의미를 찾게 하려는 의도였습니다. 독서 활동도 최종 글쓰기 단계에서 책을 보면서 쓸 수 있도록 허용하기에 영화 또한 최종 단계에서 다시 한 번 감상할 수 있도록 한 것입니다.[14]

정우는 "이 영화는 다른 영화와 달리 대사가 거의 없다. 그래서 음악과 춤, 장면으로 영화를 해석해야 하는 점이 어렵기도 했지만, 사람마다 다른 해석이 나오는 것 같아 재미있었다"라는 감상을 남겼습니다. 아주 과묵하지만 음악을 사랑해 밴드부 활동을 하는 학생인데, 자신처럼 말은 없지만 춤으로 자기를 표현하는 주인공과 스스로가 비슷하다고 생각한 것 같습니다. 실제로 배경 음악의 변화에 관한 질문을 골라 의미를 해석하기도 했죠.

태영이는 "영화를 처음 볼 때는 감독의 의도가 뭔지 이해하지 못했는데, 분석할 점을 생각하면서 다시 보니 섬세하고 비유적인 표현들이 녹아 있다는 것을 알게 되었다. 좀비처럼 춤을 추는 행위를 이해할 수 없었는데, 그 춤이 자유를 의미한다는 것을 알고 영화를 제대로 이해했다는 생각이 들어 좋았다"라고 했습니다. 특히 "춤 동작이 화해와 화합의 의미를 지닌 것 같다"라며 의미를 확장해 해석한 점이 기특합니다.

지아는 이 영화를 전에 본 적이 있다고 합니다. "당시에는 이상한 영화라고만 생각했다. 그런데 장면과 춤의 의미를 해석하면서 영화를 보려고 하니 새로운 느낌이 들었다"라고 했죠. 그리고 다른 교과 시간에 감상한 영화 〈빌리 엘리어트〉가 떠오른다며 주제 통합적 사고를 보이기도 했습니다.

이처럼 학생들이 영화를 단순 감상에서 끝내지 않고, 깊이 생각하고 해석하며 '읽어낼' 수 있도록 하기 위해 '영화 감상 중 주목할 요소' 여섯 가지를 제시한 점이 이 활동의 차별점입니다. 기존의 영화 활용 수업에서는 인물, 줄거리 등 영화 내용에 관한 정보를 제공하고 줄거리 요약, 인물 분석, 사건 전개에 초점을 맞춰 글을 쓰도록 했다면, 이 수업에서는 영화 속 각 요소의 의미를 생각할 수 있게 내용, 언어, 재현, 제작자, 수용자, 상호 텍스트라는 틀을 줬죠. 이 틀을 통해 학생들이 영화의 상징, 제작자의 의도와 수용자의 반응, 다른 영화와의 연관성 등을 분석할 수 있도록 방향을 제시했습니다.

비평문의 평가 요소는 앞서 제시한 바와 같이 여섯 개며, 점수는 10점 만점입니다. 기본적으로는 독서 활동의 평가 요소와 크게 다르지 않게 하려고 했습니다. 영화를 문학의 텍스트로서 읽는 것이 이번 활동의 목적이었기 때문입니다. 그러면서도 '연출에 관한 분석'으로 독서 활동과 차별점을 뒀습니다. '영화 감상 중 주목할 요소'를 바탕으로 영화에 관한 질문을 고르고 답을 작성했다면 해당 평가 요소는 충족할 수 있는 부분이었습니다.

최종 비평문은 1000자 이상, 1200자 이하라는 분량 제한이 있었는데, 고등학교 2학년 수준에서는 45분 내에 충분히 작성 가능했습니다. 활동에 적극적으로 참여하는 학생들은 오히려 짧게 요약하려고 애쓰는 모습을 보이기도 했습니다. 2차시 영화 감상에 보다 많은 시간을 할애한다면, 최종 비평문의 분량을 늘려 더 좋은 글들을 만날 수 있을 것이라고 생각합니다.

두 번째 턴,
감독의 의도와 사회적 맥락 해석하기

영화라는 텍스트를 분석하기 위해 1차시 수업에서 영화 감상과 비평의 차이를 학습하기는 했지만, 학생들이 단순한 영화 감상에서 벗어나지 못했다면 이 수업은 매체 문해력으로 영화를 분석했다고 보기 어려울 것입니다. 다행스럽게도 대다수 학생의 비평문에서 영화가 어떤 메시지를 어떤 방식으로 전달하고 있는지 해석하려는 시도를 발견했습니다. 학생들의 비평문 중 '영화 안에서 읽을 것'을 잘 포착한 부분들을 재구성해 공유합니다.

> 나는 이 영화의 제목에 집중하였다. '유월'은 6월이 될 수도 있고 아니면 단순한 등장인물의 이름에서 그칠 수도 있지만 이 영화가 말하는 맥락을 살펴봐서는 유월(You Wall), 당신의 벽, 사회의 억압이라는 벽을 넘어 자유롭게 도약하는 유월이의 이야기를 함축한 제목이 아닐까 추측하였다.

소윤이는 인물의 이름이자 영화의 제목인 '유월'의 상징적 의미에 관해 분석했습니다. 많은 학생이 영화의 시간적 배경인 여름과 제목을 연관 지은 것과 달리 인물의 성격, 행동과 제목을 연관 지어 사고했다는 점에서 인상 깊었습니다.

예은이도 '유월'이라는 이름과 제목에 독창적인 의미를 부여했습니다. 극 중 '혜림 선생님'이라는 질서의 극단에 치우친 인물과 '댄스 바이러스'라는 자유의 극단에 치우친 사건의 중재자로서 '유월'이 '조화'를 의미한다는 해석은 인물의 성격에 관한 통찰력을 보여줍니다.

준이는 영화 속 교실과 학교, 선생님의 강압적인 모습이 현재 우리 사회와 닮았다고 분석했습니다. 학생들을 성적으로 줄 세우고, 공부를 해야만 하는 것처럼 강요하는 상황을 나타내는 영화라고 해석한 것이죠.

비슷한 생각을 한 재진이는 영화 속 장면과 우리 사회의 모습을 연결 짓고 "억압된 환경에서 모범적인 생활을 강요당하는 학생들이 버틸 수 있을까? 살기 좋은 나라라고 하지만 청소년 자살률은 1위인 것과 아름답고 정돈된 교실 속 경직된 학생들의 모습이 교차한다"라고 말했습니다. 이 외에도 "우리나라 학생들의 삶의 만족도가 최하위권이다" "과거 독재 시대를 연상시킨다" 등 영화 속에서 사회·문화적 맥락을 읽어낸 학생이 다수 있었습니다.

학생들에게 강압적인 면모만 보였던 인물인 '혜림 선생님' 또한 결국은 억압된 삶을 살아온, 아이들과 같은 존재였다는 것을 읽어낸 학생도 있었어요.

본질적으로는 같다는 것, 우리는 서로 같다는 것을 표현한 장면인 것 같다.

은준이가 포착한 부분은 제가 영화를 열 번 넘게 시청하면서도 궁금해하기만 하고 어떤 의미일까 생각해내지 못한 장면이었기에 무척 감탄했습니다. 사회적 맥락에서 영화를 분석하고, 스쳐 지나가는 장면에 담긴 감독의 의도를 자신만의 관점으로 읽어낸 훌륭한 사례라는 생각이 듭니다.

카메라의 시선으로 풀어낸 마지막 질문

한편 유월이가 꿈에서 깨는 마지막 장면은 많은 학생에게 혼란을 줬는데요, "유월이와 학생들이 억압에서 벗어나고 선생님과 함께 운동장에서 뛰논 것이 모두 꿈이자 허상이었나?" "결국 자유는 불가능하다는 것인가?"라는 의문으로 인해 영화를 이해하지 못했다는 학생들이 있었습니다. 이때 하나의 길잡이가 되어줄 수 있는 비평문을 소개합니다.

왜 넣었을까 의문이 드는 장면이 있다. 바로 유월이 잠에서 깨는 장면이다. 작품 전체가 시사하는 바는 앞서 언급한 것처럼 개인을 억압하는 사회 비판이다. 작품 끝에 삽입된 이 장면은 개성을 펼치며 춤추던 아이들의 모습은 현실에 존재하지 않는다고 차갑게 말하는 것 같은 느낌이 든다.

하지만 나는 이 장면의 목적을 알기 위해선 카메라의 위치를 파악해야 한다고 생각한다. 카메라는 아이들의 시선과 정확히 마주 보고 있으며 이는 마치 보는 사람들로 하여금 작품 속 인물들이 자신을 응시하는 것처럼 느끼게 한다.

이를 통해 감독은 시청자에게 본인의 모습은 어떤지, 본인은 누군가의 울타리에 갇혀 있지 않은지, 혹은 누군가를 가두고 있진 않은지 묻고 싶었던 것 아닐까? 내가 가르침이라 치부하며 누군가에게 내밀었던 엄격한 잣대들은 결국 나를 향해 있지 않은가?

민수는 '영화 감상 중 주목할 요소'에 카메라의 각도와 관련된 질문이 없었는데도 스스로 카메라의 위치에 주목해 멋진 해석을 제시했습니다. 또한 영화 속 카메라의 시선과 영화 밖 감독의 의도 그리고 자신의 생각을 연결 지어 분석했다는 점에서 매체 문해력이 뛰어나다는 것이 느껴집니다.

그 밖에도 많은 학생이 생각보다 진지하고 기발한, 독창적인 해석을 했습니다. 자신만의 관점을 담아 영화를 해석하게 하고, '영화 감상 중 주목할 요소'를 바탕으로 생각하게 한 일련의 활동이 유의미했을 것이라고 생각합니다. 물론 카메라 움직임, 소품 배치 등 심층적인 영화 분석 방법에 관해 학습했다면 '영화를 텍스트로 읽기'에 더욱 가까워졌겠다는 아쉬움은 있습니다. 이 활동을 문학 수업에서 진행했기에 남은 한계입니다. 2015 개정 교육과정의《문학과 매체》나 2022 개정 교육과정의《문학과 영상》《매체 의사소통》에서 이 수업을 다룬다면 매체 영역에 관한 학습 요소를 보강할 수 있겠습니다.

아이들은 영상을 읽고 싶어 한다

학생들은 대부분 〈유월〉이 재미있고 이해하기 쉬운 영화라고 평가했습니다. "영화 비평문 쓰기 활동 이후 영화를 읽어내는 눈이 길러졌나요?"라는 질문에 대해서도 대다수가 "그렇다, 이전보다 영화를 생각하며 볼 수 있다"라고 응답했습니다. 특히 "물건 하나하나에도 의미가 담겨 있지는 않은지 상징 요소를 고민하게 되었다" "촬영 구도와 음악 선정, 음악의 음량까지도 생각하게 되었다”라는 구체적 답변을 통해, 장면의 의미와 감독의 의도를 파악하며 ‘영화 안에서 읽을 것’과 ‘영화 밖에서 참고할 것’을 찾아 읽으려는 자세와 안목이 길러졌음을 알 수 있었습니다.

다만 영화 비평문을 작성하는 시간이 조금 부족했던 측면이 있습니다. 2차시에서 영화를 감상하기 전 춤에 관해 질문했음에도 영화 내용이 어렵고 주제를 이해하기 힘들었다는 학생의 답변이 간혹 있었는데, 이는 “미리 영화의 주제나 해석의 큰 틀을 알려줬다면 이해에 도움이 되었을 것”이라는 의견과 일맥상통합니다. 영화에 관한 교사의 사전 설명이 길어질수록 학생들의 영화 해석 방향이 굳어질 것 같아 일부러 영화 보기 전 내용 설명을 최대한 배제했는데, 문학 제재 읽기를 어려워하는 학생에게는 막막한 활동이었겠다는 생각이 듭니다. 글로 이뤄진 문학작품을 가르칠 때 해석의 다양성을 제한하는 것은 아닌지 고민되던 지점들이 영화를 읽는 활동에서도 나타난 것이죠.

이 부분은 활동을 모둠으로 진행하지 못한 아쉬움과 연결됩니다. 처음에 활동을 구상할 때는 같은 영화를 보고 함께 이야기를 나누는 풍경을 상상했으나, 평가 활동으로 진행하다 보니 함께 해석을 나누는 기회를 주지 못했습니다. 모둠 활동을 통해 친구의 의견을 들으면 미처 생각하지 못한 부분에 대해 알게 되고, 풀리지 않던 의문도 서로 의견을 교환하며 해석해낼 수 있었을 것입니다.

그럼에도 한편으로는 만족감과 새로운 도전 의식이 생겨났습니다. 매번 수행평가로 책 읽고 글쓰기만 하다가 영화를 보니 신선하다는 소감을 남긴 학생들, 다른 영화로 한 번 더 하고 싶다는 학생들 덕분에 영화라는 매체를 선택한 것에 안도했습니다. 다음에는 숏폼이나 예능을 분석해보고 싶다는 학생도 있었는데, 실제로 본인이 많이 시청하는 영상을 제대로 읽어보고 싶어진 학생들의 새로운 요구라는 생각이 듭니다. 이번에 다룬 단편영화 읽기를 바탕으로 제가 담당하는 미디어 동아리에서 장편영화·숏폼 등을 분석하는 수업을 해보고 국어 수업에 적용할 수 있는 방안을 고민하려 합니다. 학생들이 영상을 소비하는 데 머물지 않고 영상을 다각도로 해석하며 능동적으로 세상을 읽을 수 있도록, 많은 선생님이 매체 문해력을 키우는 영상 읽기 수업을 시도하고 함께 나눌 수 있기를 바랍니다.

✦ **영화의 한 장면으로 영화 비평의 요소를 배워봅시다.**(1차시)

영화 비평문 쓰기 수행평가

| 비평이란 |

1단계. 영화 비평이란 무엇인가

우리는 단순한 영화 감상이 아닌 영화 비평을 합니다. 영화 감상은 영화를 시청한 후 영화에 관한 자신의 느낌, 감정만을 전달합니다. 영화 비평은 더 나아가 영화의 의도, 주제, 상징, 인물 변화 등을 해석하는 활동입니다. 왜 그런 일이 일어났는지, 그 장면이 의미하는 바는 무엇인지, 인물은 왜 그렇게 행동했는지, 배경은 어떤 상징성이 있는지 등 영화의 장면과 구성 요소를 분석하고 평가하는 것입니다. 영화 내용을 자신만의 시선으로 해석하고 질문하는 활동이기도 합니다.

  - 줄거리 요약: "무슨 일이 일어났는가?"에 대해 답하기
  - 비평: "왜 그렇게 되었는가?" "그것이 어떤 의미인가?"에 대해 답하기

다음과 같은 질문을 통해 영화의 의미를 생각해보면 비평에 도움이 됩니다.
  - 왜 이 장면이 중요할까?
  - 왜 감독은 이 장면을 이렇게 구성했을까?
  - 이 인물의 변화가 말하고자 하는 바는 무엇일까?

2단계. 평론가의 영화 해석: 평론가는 어떻게 장면을 해석하는가

영화 〈기생충〉(2019, 봉준호)에 관한 평론가의 장면 해석 영상입니다. 시청하며 다음 질문에 답해보세요.

평론가는 영화의 어떤 장면에 주목했나요?	
평론가는 영화 속 상황을 어떤 사회적 현실과 연결했나요?	

단순 감상이 아닌 '비평'이라고 생각이 드는 부분은 무엇인가요?	

3단계. 영화에 관한 다양한 해석: 동일한 영화를 보는 서로 다른 시선들

영화 〈기생충〉에 관한 비평문을 여러 국내외 평론가가 발표했습니다. 다양한 비평문 중 특징이 명확한 세 편을 읽고, 각기 다른 시선을 느껴보세요. 영화 비평에는 제시된 세 관점만 존재하는 것이 아니라는 점을 기억하고, 자신만의 시선으로 영화를 해석하는 법을 배워봅시다.

1. 영화 속 상징 분석 중심	
2. 장면 및 감정 분석 중심	
3. 공간과 사회 구조 분석 중심	

✦ 영화 〈유월〉을 감상하고 비평의 개요를 작성해봅시다.(2차시)

영화 비평문 쓰기 수행평가
| 영화 감상일지 |

1단계. 감상 전 질문

몸으로 표현하는 감정에는 어떤 것들이 있을까요? 말 대신 춤이나 행동으로 자신의 감정을 드러낸 경험이 있다면 적어보세요.

2단계. 영화 〈유월〉이란

유월(2019)/극영화/25분
Yuwol: The Boy Who Made
the World Dance
배급사: 센트럴파크
감독: BEFF
출연: 심현서, 최민

3단계. 영화 감상 중 주목할 요소

영화를 감상하며 다음 요소들에 주목해 자신만의 해석을 해보세요. 제시된 질문 외에 나만의 질문을 찾고 답해도 좋습니다. 오늘 찾은 요소들을 바탕으로 다음 시간에 본격적인 비평문을 작성합니다.

내용	'유월'은 어떤 인물인가요?
	'혜림 선생님'이란 인물은 성격이 어떤가요?
	영화 전개 속에서 인물의 태도나 표정, 행동은 어떻게 변하나요?
	'댄스 바이러스'는 무엇을 상징할까요?
	'학교'와 '교실'은 어떤 분위기로 그려지고 있나요?
	영화 말미의 '운동장'은 어떤 의미로 그려지고 있나요?
	작품의 주제는 무엇인가요?
	주제가 잘 드러난 장면은 무엇이며, 그렇게 생각한 이유는 뭔가요?
언어	인물의 감정이나 분위기를 표현하는 방법은 무엇인가요?
	장면 전환, 음악, 조명, 의상 등은 어떤 역할을 하나요?
	이것들은 장면의 분위기를 형성하는 데 어떤 효과가 있나요?
재현	특정 인물이나 사회 집단을 그려내는 방식이 관객에게 어떤 메시지를 전달하고 있나요?
	특정 고정 관념을 반영하거나 비판하는 방식으로 그려낸 장면이 있다면 어떤 장면이고, 그 효과는 무엇일까요?
제작자	감독의 제작 의도는 무엇이며, 이것은 영화의 주제나 연출 방식과 어떤 관계가 있을까요?
수용자	영화가 관객인 '나'에게 주는 구체적인 메시지는 무엇인가요?
	자신의 상황 또는 경험을 바탕으로 알려주세요.
	영화와 자신과의 연관성이 있다면 어떤 점일까요?
상호 텍스트	주제나 표현 방식이 유사한 영화나 문학작품이 있을까요?
	소재, 주제, 연출 기법 등에서 어떤 유사점이나 차이점이 있을까요?
	다른 영화와 비교했을 때 이 영화만의 차별점은 무엇일까요?

4단계. 감상일지 쓰기

줄거리 요약 하기	인물	
	사건	
	배경	

	질문	답변
내가 고르거나 만든 질문에 답하기		

5단계. 영화 비평문 계획하기

영화 감상 내용을 바탕으로 비평문을 계획해보세요. 비평문을 작성할 때는 장면을 구체적으로 적어야 독자가 잘 이해할 수 있습니다. 다음 시간에 완성할 비평문은 반드시 네 문단 이상이어야 함을 기억하고 아래의 글 구조를 참고해 계획을 작성하세요.

1문단	서론	영화 줄거리 요약 및 소개	
2~ n문단	본론	내용 요소 분석 (질문과 답변)	
		자신 또는 사회와의 연결	
마지막 문단	결론	최종 평가 및 소감	

✦ 영화 〈유월〉에 대한 비평문을 완성해봅시다.(3차시)

영화 비평문 쓰기 수행평가
| 영화 비평문 쓰기 |

비평문 제목 :

문단별 개요 작성	처음	1문단:
	중간	2문단:
		3문단:
		4문단:
	끝	5문단:

○ 유의 사항
- 글의 내용을 함축적으로 드러내는 제목을 지을 것
- 감상일지 외 다른 자료는 참고할 수 없음
- 진로 관련 내용을 쓰고 싶은 학생은 개인적으로 조사해서 영화 비평문에 포함
  해도 됨(조사한 내용을 적어 와서 보고 쓰는 것은 불가)
- 분량: 띄어쓰기 포함 1000~1200자(999자, 1201자는 감점)
- 영화 줄거리만으로 전체 내용을 채우지 않음(300자 미만까지만 인정)
- 제목, 문단 구분, 분량, 어법, 통일성 등의 형식적 조건을 지키지 않으면 감점됨
- 네 문단 이상으로 구성할 것
- 주어진 시간 외에 추가로 제공되는 시간은 없음
- 검정색 볼펜으로 작성할 것. 수정 테이프 사용 가능

주

01 왜 국어 수업에서 매체 문해력을 가르쳐야 할까?

1   김경희 외,《디지털 미디어 리터러시》, 한울아카데미, 2018, 48쪽.

2   홍윤비 외, 〈국어교육에서 '전자말'이라는 개념 세우기〉,
    《우리말교육현장연구》4(2), 2010, 290쪽.

3   Courtois, Cédric 외, 〈The Triple Articulation of Media
    Technologies in Audiovisual Media Consumption〉,《New Media
    & Society》14(3), SAGE Publishing, 2012, 401~420쪽.

4   김용찬,《포스트매스미디어》, 컬처룩, 2023.

5   반진욱, 〈Z세대가 리더로 만나고 싶은 연예인은…유재석·아이유〉,
    《매일경제》, 2024. 12. 22.

6   강주일, 〈'범접' 메가크루 무대에 공공기관 댓글부대 자처 "박물관에
    영구소장 하고파"〉,《스포츠경향》, 2025. 6. 20.

7   문교부, 〈국민학교 교과과정〉(문교부령 제44호), 문교부, 1955.

8   문교부, 〈중학교 교과과정〉(문교부령 제45호), 문교부, 1955.

9   교육부, 〈국어과 교육과정〉(교육부 고시 제2022-33호), 교육부, 2022,
    19쪽, 필자 강조.

10   - [10공국2-06-02] 매체의 변화가 소통 문화에 끼치는 영향을

탐구한다.

- [12매의01-01] 매체의 기능과 역할에 대한 이해를 바탕으로 시대별
매체 환경과 소통 문화의 변화 과정을 탐색한다.

11 배문규, 〈'종이책 종말론' 틀렸다⋯전자책 판매 둔화〉, 《경향신문》,
2013. 1. 8.

12 한국출판문화산업진흥원, 〈2024년(2023년 기준) 출판산업 실태조사〉,
한국출판문화산업진흥원, 2025, 12쪽.

13 김윤주·이참슬, 〈읽기의 경험을 확장하다, 영상을 만난 책-김영훈×
임유청〉, 채널예스, 2023. 12. 11.

14 OECD, 〈Technical Report: Curriculum Analysis of the OECD
Future of Education and Skills 2030〉, OECD, 2020.

15 UNESCO, 〈What You Need to Know About Literacy〉, UNESCO,
2025. 9. 5.

16 데이비드 버킹엄, 조연하 외 역, 《미디어 교육》, jNBOOK, 2004.

17 Masterman, L., 《Teaching About Television》, Palgrave Macmillan,
1980.

18 Hobbs, R., 《Digital and Media Literacy: A Plan of Action》, The
Aspen Institute, 2010.

19 NAMLE, 〈Media Literacy Defined〉, NAMLE.

20 NCTE, 〈Media Education in English Language Arts〉, NCTE, 2022.
4. 9.

21 American Library Association, 〈A Progress Report on Information
Literacy: An Update on the American Library Association
Presidential Committee on Information Literacy: Final Report〉,
American Library Association, 2006. 6. 9.

22 Wisconsin Educational Media Association, 〈Information Literacy: A Position Paper on Information Problem-solving〉, Wisconsin Educational Media Association, 1993.

23 The Association of College & Research Libraries, 〈Information Literacy Competency Standards for Higher Education〉, American Library Association, 2000.

24 NCTE, 앞의 글.

25 Gilster, P.,《Digital Literacy》, Wiley Computer Publishing, 1997, 6쪽.

26 MediaSmarts, 〈Use, Understand & Engage: A Digital Media Literacy Framework for Canadian Schools - Overview〉, 2024.

27 NCTE, 앞의 글.

28 신문은 정치, 경제 등 전체 분야 또는 특정 분야에 관한 정보 등을 전파하기 위해 월 2회 이상 발행하는 간행물입니다(《신문 등의 진흥에 관한 법률》 제2조 제1호). 뉴스는 라디오나 텔레비전 등 방송 매체로 전달되는 것을 가리킵니다. 뉴스에 관한 법의 명칭은 '뉴스통신 진흥에 관한 법률'로, '통신'이라는 단어가 결합됐죠. 유네스코는 뉴스를 "시사 인쇄물, 방송, 인터넷 또는 소문을 제삼자나 대중에게 전달하는 것"으로 정의합니다. 이렇듯 '뉴스'라는 용어는 인쇄 매체, 방송 매체, 인터넷 매체 등 다양한 양식을 아우르며 쓰입니다.

29 McCombs, M. E., & Shaw, D. L., 〈The Agenda-Setting Function of Mass Media〉,《Public Opinion Quarterly》36(2), Oxford University Press, 1972, 176~187쪽.

30 김경희 외,《정치뉴스 리터러시》, 학이시습, 2024.

31 유은혜 전 교육부 장관, 〈2019 미디어정보 리터러시 국제 콘퍼런스

모두발언〉, 대한민국 정책브리핑, 2019. 11. 28.

32   구본권, 김경애,〈“미디어 교육 안하고 온라인 교육 시행은
      범죄행위죠”〉,《한겨레신문》, 2020. 10. 26.

33   〈학교도서관진흥법 시행령〉 제9조.

34   〈디지털 기반의 원격교육 활성화 기본법〉 제10조.

35   김아미,《미디어 리터러시 교육의 이해》, 커뮤니케이션북스, 2015.

36   교육부,〈2022 개정 교육과정 총론 해설: 중학교〉(교육부 고시 제2022-
      33호), 교육부, 2022, 27쪽.

37   정현선·장은주,〈2022 개정 교육과정의 미디어 리터러시 교육 강화
      방안〉, 교육부·한국청소년정책연구원, 2021.

38   장은주,〈미디어 문해력 관련 고등학교 고시 외 과목 교육과정
      문서 분석〉,《교원교육》41(1), 한국교원대학교 교원연구원, 2025,
      237~260쪽.

02 아이들은 무엇을 보고 있는가, 교사는 무엇을 가르칠 것인가

1   방송통신위원회·한국지능정보사회진흥원,〈2023 사이버폭력
     실태조사〉, 방송통신위원회·한국지능정보사회진흥원, 2024.

2   김해련,〈미국의 AI 활용 범죄 예방과 해결을 위한 정책 및 교육
     사례〉,《AI 활용 범죄 예방과 해결을 위한 정책 및 교육 사례》,
     한국교육개발원 교육정책네트워크센터, 2024, 1~6쪽.

3   김지영,〈일본의 AI 활용 범죄 예방과 해결을 위한 정책 및 교육
     사례〉,《AI 활용 범죄 예방과 해결을 위한 정책 및 교육 사례》,
     한국교육개발원 교육정책네트워크센터, 2024, 35~43쪽.

4   교육부,〈청소년의 89.4%, ‘딥페이크 불법영상물’을 범죄로 인식〉,

교육부, 2024. 12. 11.

5 장은주, 〈매체 문해력 교육 실행에 대한 고등학교 국어교사의 인식
연구〉, 《우리말교육현장연구》 16(2), 2022, 41~69쪽.

6 Masterman, L., 〈Media Education: Theoretical Issues and Practical
Possibilities〉, 《Prospects》 13, Springer, 1983, 181~191쪽.

7 Buckingham, D., 〈Developing Media literacy: Concepts,
Processes and Practices〉, Buckingham, D., 2015.

8 Masterman, L., 《Teaching the Media》, Comedia Publishing
Group, 1985.

9 최미랑·김유진, 〈매체가 만든 왜곡된 고아 모습…"남들도 저를 그렇게
볼까요?"〉, 《경향신문》, 2020. 9. 21.

10 백현지, 〈2024년 한국영화 성인지 결산〉, 영화진흥위원회, 2025.

11 대안 미디어는 학자의 관점과 강조점에 따라 급진적 미디어,
시민 미디어, 지하 미디어, 커뮤니티 미디어, 풀뿌리 미디어, 인디
미디어로도 불립니다.
김은규, 〈다윗과 골리앗을 넘어서: 대안미디어 정체성에 대한 새로운
논의 틀과 그 함의〉, 《한국언론학보》 49(2), 2005, 256쪽 재인용.

12 Toffler, A., 《The Third Wave》, Bantam, 1980.

13 노은희 외, 〈2022 개정 국어과 교육과정 시안(최종안) 개발 연구〉
(교육부-용역-2021-5), 교육부·한국교육과정평가원, 2022, 92쪽.

14 이 절의 내용은 다음 논문을 기초로 작성했습니다.
장은주·정현선, 〈초·중기 청소년의 디지털 미디어 문해력
관점에서 본 국어과 교육과정 매체 영역 분석〉, 《청람어문교육》 92,
청람어문교육학회, 2023, 219~258쪽.

15 물론 이 내용 요소가 국어과 교육 내용에 적합한지에 대해서는

이견이 있습니다. 대중 매체와 개인 인터넷 방송은 매체 자료라기보다 매체에 해당하기 때문이죠. 그래서 매체 자체를 다루는 범주의 설정이 필요한지 검토해야 한다는 의견도 있습니다.

이지수 외, 〈교육과정 내용 구조화를 위한 매체 영역 내용 체계와 성취기준 간 연계성 분석〉, 《리터러시 연구》 15(5), 한국 리터러시 학회, 2024, 525~555쪽.

16 1부의 매체 문해력에서 언급한 바와 같이, 르네 홉스는 디지털·미디어 리터러시의 하위 역량을 접근access, 분석analyze, 창조create, 성찰reflect, 실천act으로 나눠 설명했습니다.

17 노은희 외, 앞의 글, 241쪽.

18 Hobbs, R., 앞의 책.

19 동효관 외, 〈블렌디드 러닝 환경에서 학습자 유형화에 근거한 맞춤형 교수·학습 예시자료: 중학교 국어, 과학, 미술〉, 한국교육과정평가원, 2022.

20 한국기자협회에서 1990년부터 매월 1회 수여하는 상으로, 해당 웹 페이지에서 이달의 기자상 심사평, 공적 설명서, 취재 후기 등도 볼 수 있습니다.

21 Meriam Library California State University, 〈Evaluating Information - Applying the CRAAP Test〉, Meriam Library California State University, 2010.

22 Wineburg, S. 외, 《Evaluating Information: The Cornerstone of Civic Online Reasoning》, Stanford History Education Group, 2016.

23 Mike Caulfield, 〈SIFT(The Four Moves)〉, HAPGOOD, 2019. 6. 19.

24 이 활동은 다음 자료를 참고해 작성했습니다.

- ACTF Education, 〈Media Representations Resource〉(5~6학년용,
영어, 미술), ACTF Education.

- 최미숙 외,《국어교육의 이해》(개정 4판), 사회평론아카데미, 2023,
397쪽.

25 김혜정, 〈텍스트 이해에서 의미 구성의 층위와 인지적 상호 작용〉,
《국어교육학연구》15, 2002, 311쪽.

26 김봉순, 〈독서교육에서 비판의 성격과 지도내용〉,《독서연구》19,
2008, 174쪽.

27 이준웅·김경모, 〈'바람직한 뉴스'의 구성조건: 공정성, 타당성, 진정성〉,
《방송연구》67, 한국방송학회, 2008, 32쪽.

28 다음 사전에서 'bias'에 대한 설명을 참조했습니다.
Borchard, G. A.(Ed.),《The SAGE Encyclopedia of Journalism》
Vols. 1~4, SAGE Publications Inc., 2022.

29 김지미,《영화평 어떻게 쓸 것인가》, 서울대학교출판문화원, 2019.

30 미디어 유형별 다양한 제작 활동의 사례는 다음 책을 참고하시기
바랍니다.
르네 홉스, 윤지원 역, 《디지털·미디어 리터러시 수업》, 학이시습,
2021.

31 미디어 교육을 선진적으로 실행해온 영국, 호주, 캐나다는 영화 산업이
발달한 나라들이기도 합니다. 그래서인지 초기 미디어 교육 내용을
살펴보면, 영화를 이해하고 제작하는 학습활동이 많습니다.
우리나라에서 청소년이 참가할 수 있는 영화제는

한국청소년영화제(1998~)를 비롯해

서울국제청소년영화제(1999~2017),

대한민국국제청소년영화제(2001~),

대한민국청소년미디어대전(2001~),

부산국제어린이청소년영화제(2006~) 등이 있습니다.

32　영상 이미지에 대한 다양한 학습활동은 다음 저서를 참조했습니다.
정현선 외,《영상 이미지, 어떻게 가르칠까?》, 학지사, 2010.

33　핀란드 학교에서 실시하는 매체 문해력 교육에 대해서는 다음 글을
참조했습니다.
- 금준경·이하늬,〈핀란드에선 학생들에게 '기레기' 훈련을 시킨다〉,
《미디어오늘》, 2015. 11. 19.

- 매체연구회,〈핀란드 모국어교육 간담회〉,《함께 여는 국어교육》
125, 전국국어교사모임, 2017, 80~91쪽.

- 장은주·정현선,〈핀란드 모국어 수업 참관기〉,《함께 여는 국어교육》
126, 전국국어교사모임, 2017, 84~95쪽.

34　장은주,〈뉴스로 해석한 '홍길동전'〉,《아침독서신문》135(4),
2018. 12. 1.

35　다음 자료의 활동을 참고해 수정했습니다.
W. 제임스 포터, 김대희·전미현 역,《미디어 리터러시》, 소통, 2016,
301쪽.

36　Boyd, D. M., & Ellison, N. B.,〈Social Network Sites: Definition,
History, and Scholarship〉,《Journal of Computer-Mediated
Communication》13(1), Oxford University Press, 2007,
210~230쪽.

37　Kaplan, A. M., & Haenlein, M.,〈Users of the World, Unite! The
Challenges and Opportunities of Social Media〉,《Business
Horizons》53(1), Elsevier, 2010, 59~68쪽.

1   임광찬 외, 〈시각 장애인의 컵라면 먹방〉, 《공통국어1》, 해냄에듀,
    209~211쪽.

2   학교 미디어 교육 지원 플랫폼인 미리네(https://www.miline.or.kr)에
    게시된 '미디어교육 포스터' 중 '미디어 재현'과 '비판적 뉴스 읽기'
    자료(교육부·대구광역시교육청·한국청소년정책연구원)를 활용했습니다.

3   '뉴스가 이렇게 만들어지는 거였어?! 생방까지 1분 1초가 아까운
    김수지 아나운서의 보도국 일상', 〈전지적 참견 시점〉 330, MBC,
    2025. 1. 18.

4   박재천, 〈"수능 코앞 학생들 어쩌라고"…더 꼬인 아침급식 중단 사태〉,
    연합뉴스, 2017. 11. 9.

5   분석 및 평가를 위한 발문은 다음 자료를 참고했습니다.
    김경희 외, 〈스마트 미디어 시대의 뉴스 분석법〉, 한국언론진흥재단,
    2017.

6   김경희 외(2017)에서는 뉴스를 평가하기 위한 항목으로 신뢰성,
    완전성, 유용성을 제시했지만, 이 수업에서는 국어과 교육과정에서
    제시하는 비판적 읽기 기준을 적용했습니다.

7   이 수업이 진행된 2025년에 고등학교 2학년은 2015 개정 교육과정이
    적용되었습니다. 2022 개정 교육과정 적용에 따른 성취기준은 다음과
    같이 생각해봤습니다.

과목	성취기준
《공통국어2》	**[10공국2-02-01]** 복합양식으로 구성된 글이나 자료에 내재된 필자의 관점이나 의도, 표현 방법을 평가하며 읽는다.

《문학》	**[10공국2-05-02]** 주체적인 관점에서 작품을 해석하고 평가하며 문학을 생활화하는 태도를 지닌다.
	[10공국2-06-01] 매체 비평 자료를 비판적으로 수용하고 자신의 관점을 담아 매체 비평 자료를 제작한다.
《문학》	**[12문학01-01]** 문학이 인간과 세계에 대한 이해를 돕고, 삶의 의미를 깨닫게 하며, 정서적·미적으로 삶을 고양함을 이해한다.
	[12문학01-07] 작품을 공감적, 비판적, 창의적으로 감상하며, 다양한 방식으로 작품에 대해 비평한다.
	[12문학01-09] 다양한 매체로 구현된 작품의 창의적 표현 방법과 심미적 가치를 문학적 관점에서 수용하고 소통한다.
《문학과 영상》	**[12문영01-01]** 문학과 영상의 형상화 방법과 그 특성을 이해한다.
	[12문영01-02] 양식과 매체에 따른 특성과 효과를 고려하여 문학작품과 영상물을 해석하고 비평한다.
	[12문영01-08] 문학작품과 영상물을 비판적으로 수용하며 자신의 삶을 성찰한다.
《매체 의사소통》	**[12매의01-03]** 영화, 게임, 웹툰 등의 매체 자료가 현실을 재현하는 방식을 분석하며 생산자의 의도나 관점을 파악한다.
	[12매의01-04] 디지털 매체 환경에서 매체 생산자의 관점을 파악하고 매체 자료의 신뢰성을 판단한다.

8 https://www.kmdb.or.kr/db/list/detail/508/0707

9 유튜브의 'Team Yuwol'이 작성한 공식 소개 글입니다.

10 집중 이수제로 인해 가뜩이나 학습 내용이 많은 문학 교과 수업을 한 학기에 끝내야 하는 상황입니다. 게다가 학교생활기록부에 학생의

진로와 연관 지어 특기 사항을 써줄 수 있는 독서 활동이 이미
예정되어 있어, 이 활동까지 네다섯 차시로 구성하기는 어려웠습니다.
물론 이에 더해 학생들과 함께 감상할 만한 단편영화에 관한
평론가들의 비평문을 찾기 어려웠다는 한계점도 있었습니다.

11 '[#알쓸별잡] 평론가 이동진이 보고 해석한 영화 〈기생충〉 속 숨은
의미. 봉준호 감독님은 어떤 분인가요? 영화 〈기생충〉 스포 有',
〈알아두면 쓸데없는 지구별 잡학사전〉 7, tvN, 2023. 9. 16.

12 - 김영진, 〈〈기생충〉을 통해 봉준호가 보여주는 이미지의 잉여와
그것이 불러일으키는 정서에 대하여〉, 《씨네21》 1210, 2019. 6. 20.
- 송경원, 〈〈기생충〉 목에 걸려 넘어가지 않던 순간들〉, 《씨네21》 1211,
2019. 6. 26.
- 윤형중, 〈윤형중이 본 〈기생충〉과 사회경제 정책, 반지하 주거공간을
중심으로〉, 《씨네21》 1210, 2019. 6. 20.

13 이 기준은 아쉬운 점이 많습니다. 내용의 질로 평가하지 않고 문장
수로 평가하면 결국 내용이 구체적이지 않아도 형식적으로만
평가하게 되기 때문입니다. 평가 결과에 관해 이의가 제기되었을 때
명확하게 답변할 수 있는 근거를 위해 문장 수를 기준으로 삼았는데,
이를 극복할 수 있는 평가 기준의 필요성을 느낍니다.

14 이 부분은 활동 전에 미리 공통으로 공지한 사항이기에 모든 반에서
동일하게 시행했지만, 다시 이 활동을 진행한다면 시행해야 하는지에
관한 고민이 있습니다. 막상 영화를 재생하니 집중해서 글을 쓰고자
하는 학생들이 계속 소리를 줄여달라고 하고, 글을 쓰다가 잠깐 생각이
막힌 학생들이 고개를 들었다가 자신도 모르게 영화에 집중하는
모습을 자주 보였기 때문입니다. 기회를 제공하기 위함이었는데
글쓰기에 방해가 될 수도 있겠다는 생각이 들었습니다.

추천 사이트

한국미디어리터러시교육종합정보KMLE https://미디어교육.kr
정부 부처가 운영하는 미디어 리터러시 교육 관련 웹 사이트를 종합하여 연결한
웹 사이트

미리네 https://www.miline.or.kr
교육부가 개설한 사이트로, 미디어 교육 자료와 최신 정보 공유 등 학교 미디어
활동 지원을 위한 플랫폼

미디어 아카데미MECA https://www.meca.or.kr
한국언론진흥재단이 운영하는 사이트로, 언론인, 교사, 강사 등을 위한 저널리즘
교육, 미디어 리터러시 교재 및 프로그램 제공

다독다독 https://dadoc.or.kr
한국언론진흥재단이 운영하는 사이트로, 미디어 리터러시 관련 국내외 연구
동향이나 수업 사례 등 제공. 계간지《미디어 리터러시》로도 발간

미디온 http://edu.kcmf.or.kr
시청자미디어재단이 운영하는 사이트로, 영상 콘텐츠 제작과 편집 과정을
학습할 수 있는 강의 등 제공

미디어리 https://blog.naver.com/kcmf83
시청자미디어재단이 운영하는 블로그로, 계간지《미디어리》로도 발간

디지털윤리 https://디지털윤리.kr

방송통신위원회와 한국지능정보사회진흥원이 공동으로 운영하는 사이트로,
디지털 윤리 관련 콘텐츠, 교육, 공모전 등 정보 제공

(뉴스) 빅카인즈 https://www.bigkinds.or.kr
한국언론진흥재단에서 운영하는 사이트로, 키워드 트렌드, 관계도, 연관어 분석
등 뉴스 빅 데이터 분석 서비스 제공

(공익 광고) 한국방송진흥공사kobaco https://www.kobaco.co.kr
방송, 바이럴, 인쇄, 웹툰 등 다양한 형태의 공익 광고 및 공익 광고제 수상작 제공

(상업 광고) 광고정보센터ADIC https://ad.co.kr
한국광고총연합회에서 운영하는 사이트로, 텔레비전, 인쇄, 옥외, 라디오, 극장 등
매체별 최신 광고와 전문 자료, 광고계 동향 매거진 등 정보 제공

(영화) 한국영상자료원 https://www.youtube.com/koreanfilmarchive
한국영상자료원에서 운영하는 유튜브 채널로, 한국 고전 영화, 시대별 한국 영화
음악 등 자료 제공

(영화) 인디그라운드 https://indieground.kr
영화진흥위원회에서 설립하고 한국독립영화협회에서 운영하는 독립예술영화
유통배급지원센터 홈페이지. 청소년 추천 독립 영화와 독립 예술 영화 DB 제공,
온라인 상영관 운영

(영화) 두근두근 영화학교 https://gocinemaschool.org
(사)한국영상미디어교육협회(미디액트)가 진행하는 청소년 진로 탐색 프로그램
사이트로, 영화 교육 자료, 영화 특강 정보 등 제공

(영화) 대한민국청소년미디어대전KYMF https://kymf.ssro.net
2001년부터 개최되어온 대한민국청소년미디어대전 사이트.
서울시립청소년미디어센터에서 운영. 청소년이 만든 영상과 사진 공모, 온라인
상영관 및 전시관 운영

유네스코 한국위원회 https://unesco.or.kr

(한국) 전국미디어리터러시교사협회KATOM https://www.katom.me

(프랑스) 미디어·정보리터러시교육센터CLEMI https://www.clemi.fr

(핀란드) 국립시청각연구소 https://kavi.fi

(영국) 미디어스마트 https://mediasmart.uk.com

(캐나다) 미디어스마트 https://mediasmarts.ca

(캐나다) 미디어리터러시협회AML https://aml.ca

(호주) 호주미디어리터러시연합AMLA https://medialiteracy.org.au

(호주) 호주미디어교사연합ATOM https://atomvic.org

(미국) 커먼센스미디어 https://www.commonsensemedia.org

(미국) 전국미디어리터러시교육협회NAMLE https://namle.org

(싱가포르) 미디어리터러시협회MLC https://www.mlc.sg

참고 도서

(학생/일반인) 미디어 분야 교양 도서

- 강용철·정형근, 《미디어 리터러시, 세상을 읽는 힘》, 샘터사, 2022.

- 구본권, 《뉴스를 보는 눈》, 풀빛, 2019.

- 권혜령 외, 《슬기로운 미디어생활》, 우리학교, 2018.

- 금준경, 《미디어 리터러시 쫌 아는 10대》, 풀빛, 2020.

- 김경화, 《모든 것은 인터넷에서 시작되었다》, 다른, 2020.

- 김경희 외, 《디지털 미디어 리터러시》, 한울아카데미, 2020.

- 김보미, 《소셜미디어는 인생의 낭비일까요?》, 서해문집, 2022.

- 김수아, 《안전하게 로그아웃》, 창비, 2021.

- 김아미, 《나는 왜 쇼츠를 멈추지 못할까》, 창비, 2025.

- 김아미, 《디지털 시민성》, 한나래플러스, 2025.

- 데이비드 버킹엄, 조연하 외 역, 《미디어 교육 선언》, 학이시습, 2019.

- 모리 다쓰야, 김정환 역, 《뉴스 사용 설명서》, 우리교육, 2017.

- 샤리 그레이든, 김루시아 역, 《광고는 왜 10대를 좋아할까?》, 오유아이, 2014.

- 손석춘, 《10대와 통하는 미디어》, 철수와영희, 2023.

- 이승한, 《잘 봐 놓고 딴소리》, 북트리거, 2021.

- 자라 벨크, 이기숙 역, 《중학생이 알아야 할 뉴스의 모든 것》, 서해문집, 2021.

- 주형일, 《유튜브가 우리에게 없었다면》, 다른, 2024.

- 찰스 아서, 이승연 역, 《소셜온난화》, 위즈덤하우스, 2022.

- 홍성일, 《세상은 어떻게 뉴스가 될까》, 돌베개, 2014.

(교사) 미디어 리터러시 수업 방법과 사례

- 권영부, 《미디어 리터러시 교육 어떻게 할 것인가?》, 지식프레임, 2021.
- 김경희 외, 《정치뉴스 리터러시》, 학이시습, 2024.
- 김광희 외, 《미디어 리터러시 수업》, 휴머니스트, 2019.
- 김대희 외, 《디지털 소양을 위한 미디어 리터러시 교육》, 태학사, 2024.
- 김아미, 《미디어 리터러시 교육의 이해》, 커뮤니케이션북스, 2015.
- 더글러스 켈너·제프 셰어, 여은호·원숙경 역, 《비판적 미디어 리터러시 가이드》, 살림터, 2022.
- 르네 홉스, 윤지원 역, 《디지털·미디어 리터러시 수업》, 학이시습, 2021.
- 재닛 에번스 편, 정현선 역, 《리터러시의 진화》(개정 2판), 사회평론아카데미, 2022.
- 전국국어교사모임 매체연구회, 《미디어 수업 이야기》, 해냄에듀, 2019.
- 정현선 외, 《영상 이미지, 어떻게 가르칠까?》, 학지사, 2010.
- 최미숙 외, 《국어교육의 이해》(개정 4판), 사회평론아카데미, 2023.